集体照

微笑

交友礼仪

握手

Contemporary Etiquette Series

现代礼仪丛书

丛书主编 李荣建

现代社交礼仪

李荣建 宋和平 李帅男 方爱平 肖安平 李雯 编著

WUHAN UNIVERSITY PRESS
武汉大学出版社

图书在版编目(CIP)数据

现代社交礼仪/李荣建,宋和平等编著.—武汉:武汉大学出版社,2007.12(2013.11 重印)
现代礼仪丛书/李荣建主编
ISBN 978-7-307-06039-5

Ⅰ.现… Ⅱ.①李… ②宋…[等] Ⅲ.人间交往—礼仪
Ⅳ.C912.1

中国版本图书馆 CIP 数据核字(2007)第 195364 号

责任编辑:詹 蜜　　责任校对:程小宜　　版式设计:詹锦玲

出版发行:武汉大学出版社 (430072 武昌 珞珈山)
(电子邮件:cbs22@whu.edu.cn 网址:www.wdp.com.cn)
印刷:崇阳县天人印刷有限责任公司
开本:880×1230 1/32 印张:8.625 字数:183 千字 插页:2
版次:2007 年 12 月第 1 版 2013 年 11 月第 5 次印刷
ISBN 978-7-307-06039-5/C·197 定价:18.00 元

内容提要

《现代社交礼仪》是我国著名礼仪专家、武汉大学李荣建教授主编的“现代礼仪丛书”之一。

社交礼仪是人际交往的规范和准则，被誉为步入社会的“通行证”、沟通人际关系的“立交桥”。

本书内容主要包括如何美化个人形象的形象礼仪，怎样与老师、上级、朋友交往的交际礼仪，还有教导人们体面享受美味佳肴的餐饮礼仪，以及丰富多彩的外国礼仪等。

本书既可作为大专院校学生使用的教材，也可作为广大青年朋友的通俗读物。本书介绍的社交礼仪基础知识和应用社交礼仪的基本技巧，将使讲究礼仪的读者朋友学有所获，受益匪浅。

总　序

礼仪是人类文化的结晶，是社会文明的重要标志之一。礼仪是人们进行交往的行为规范与准则，宛如步入社会的"通行证"，沟通人际关系的"立交桥"。

我国是历史悠久的文明古国，美名远扬的礼仪之邦，历来重视礼仪理论研究，关于礼仪方面的著作汗牛充栋，浩如烟海。我国礼仪文化博大精深，民风敦厚、朴实，礼仪之邦的美名享誉海内外。

2006年3月4日，胡锦涛总书记提出以"八荣八耻"为主要内容的社会主义荣辱观。"八荣八耻"是中华民族传统美德与时代精神的有机结合，具有鲜明的时代性、科学性和可操作性。

当今，在充满活力的神州大地上，一个学习优秀礼仪文化，参与构建和谐社会的热潮正在蓬勃兴起。

为了配合广大群众学习礼仪，我国著名礼仪学专家，湖北省礼仪文化研究会常务副会长，武汉礼仪文化研究会常务副会长，武汉大学教授李荣建先生联合我国南方地区的部分知名礼仪学专家、学者，通力合作编写了这套现代礼仪丛书。"现代礼仪丛书"由六本独立成册、相辅相成的礼仪著作组成，分别是《现代社交礼仪》、《现代公关礼仪》、《现代公务礼仪》、《现代商务礼仪》、《现代国际礼仪》和《现代服务礼仪》。

本丛书由主编李荣建先生确定体例及总体要求。其体例科学、严谨，内容丰富多彩，案例精彩，文风清新，文字优美，雅俗共赏。李荣建先生选定丛书各册的召集人，并请各册召集人担任第一作者，具体负责各册的编写大纲及统稿事宜。

这套由李荣建先生主编的现代礼仪丛书是我国礼仪学专家精诚合作的精品，集体智慧的结晶，其中，《现代社交礼仪》由李荣建教授领衔；《现代公关礼仪》由我国知名公共关系礼仪专家、华中农业大学冯兰教授领衔；《现代公务礼仪》由武汉礼仪文化研究会副会长、武汉工业学院杨丹副教授领衔；《现代商务礼仪》由我国知名礼仪专家、湖北省礼仪文化研究会秘书长余忠艳女士领衔；《现代国际礼仪》由武汉大学国际关系专家李晶博士主笔；《现代服务礼仪》由武汉礼仪文化研究会副会长、江汉大学实验师范学院邹翃燕副教授领衔。

在编撰丛书过程中，我们参考、借鉴了中外学者编著的相关书籍，受益匪浅，谨此深表谢意。本丛书在立项过程中，得到了武汉大学出版社领导的宝贵支持，我们谨此深表敬意。本丛书在编辑、出版过程中，责任编辑王雅红、陶洪蕴女士，王春阁编审付出了辛勤的劳动，我们向她们表示衷心的感谢。

现代礼仪丛书编委会

2007 年 10 月于武汉

目　录

前　言

礼仪是人类文化的结晶，是社会文明的标志之一。中国是文明古国，礼仪之邦，讲“礼”重“仪”是中华民族世代相传的优良传统，源远流长的礼仪文化是祖辈传承的丰富遗产。继承和发扬中国优秀的礼仪文化，是每位炎黄子孙神圣的职责。

礼仪涉及人生的方方面面，包括提高个人文化素养的个人礼仪，营造温馨家庭气氛的家庭礼仪，讲究尊师爱生的学校礼仪，探讨公务活动规矩的公务礼仪，规范服务人员行为举止的服务礼仪，以及研究国际交往规范的国际礼仪等。本书作为武汉大学李荣建教授主编的《现代礼仪丛书》之一，着重介绍教导人们如何为人处事的社交礼仪。社交礼仪是人际交往的规范和准则，被誉为步入社会的“通行证”、沟通人际关系的“立交桥”。

《现代社交礼仪》是为青年朋友编写的通俗读物，也可以作为社交礼仪教材。本书主要针对青年人的特点，本着理论与实践相结合的原则，将社交礼仪的基础知识和应用社交礼仪的基本技巧传授给青年朋友们，让他们学有所获，学以致用。

《现代社交礼仪》以李荣建和宋和平编写的《外国习俗与礼仪》(武汉大学出版社 1996 年版)、《谈判艺术评品》(华中理工大学出版社 1997 年版)、《礼仪训练》(华中理工大学出版社

1999 年版)、《社交礼仪》(武汉大学出版社 2005 年版)和我们的礼仪教学实践为基础，并且参考了国内外礼仪专家的著作及相关资料，我们谨此向有关作者、译者和出版工作者表示衷心的感谢。武汉大学出版社为该书的出版提供了宝贵的支持，我们在此深表敬意和谢意。

李荣建

2007 年 8 月于武汉大学

第一章　形象礼仪

在我们年幼的时候，父母或老师就时常教育我们在与人交往时不要以“貌”取人，事实上，这个“貌”就是今天的所谓“个人形象”。这个道理我们铭记在心，但在人们的交往过程中，尤其是初次交往时，个人的仪容仪表、服饰、举止是一个重要的因素，是赢得他人好感和继续深入交往的基础。

步入21世纪，人们对自己的个人形象越来越重视，形象礼仪在社会交往活动中起着举足轻重的作用，成为我们生活、学习、工作的一个重要组成部分。具体说来，形象礼仪包括仪容仪表礼仪、服饰礼仪、举止礼仪。

第一节　仪容仪表礼仪

仪容仪表即人的外表容貌，是个人形象礼仪的重要组成部分。仪容仪表礼仪包括头发护理、面部清洁与化妆、手部护理、香水的使用等内容。完善自身的仪容仪表礼仪时，应注意以下几点原则：

仪容仪表的修饰要考虑时间和场合。同样的仪容仪表修饰在不同的时间和场合有着截然不同的效果。

在公众场合不能当众进行仪容仪表修饰。众目睽睽之下修饰仪容仪表既不尊重自己，也有碍于他人，是极为失礼的。

完善自身的仪容仪表既要重视仪容仪表的修饰，还要保持良好心态及充足睡眠、适当参加体育锻炼、注意合理的饮食、坚持科学的养护方法。

一、头发护理

一个人的风貌呈现在别人面前时，头部首先被人注意到；人在互相打量时，通常从头看到脚。因此，我们常说人的气质和魅力是从“头”开始的，头发是构成仪容仪表礼仪的要素之一。拥有整洁干净的头发是社交礼仪中最基本的要求。在当今社会，头发的功能已不仅仅是单纯地表现人的性别，而且还表现着一个人的道德修养、审美情趣、知识结构及行为规范。人们可以通过某人的发型大致判断出其职业、身份、受教育程度、生活状况及卫生习惯，甚至可以感受到他(她)的身心是否健康以及对待生活和事业的态度。

从外观和感觉上看，健康的头发拥有较好的弹性、韧性和光泽，头发柔顺、易于梳理，不分叉、不打结，用手轻抚时有润滑的感觉，梳理时无静电，不容易折断。

头发的保养和护理要注意以下几个方面。

(一)洗发

洗发要定期进行，它可以避免头屑、污垢堵塞头皮的皮脂分泌孔，使头皮不致发痒，避免头发产生枯燥和脱发现象。洗发的间隔时间应灵活掌握。中性皮肤的人，在冬天，可以每隔4~5天洗一次头发；在夏天，可以每隔3~4天洗一次头发；油性皮肤和干性皮肤的人，要分别缩短或延长1~2天。

洗发时，最好遵循以下原则：

1. 选择适合自己发质的洗发水。

2. 洗发时最好用温水，37～38℃是最适当的温度。若水温过高，会将头皮所需的油分连带除去，损伤头发。

3. 洗发时，正确的做法是用指腹按摩头皮并清洗头发，用指尖摩擦或抓揉头发是很容易损伤头皮和头发的。

4. 按摩完后，用温水冲洗干净，不要让多余的洗发水和护发素残留在头皮上。有条件的话，用冷水将头发彻底冲净，可加速毛孔的关闭，以防污垢进入毛孔。

5. 用毛巾将头发上的水分轻柔地擦干，余留的水分可让其自然蒸发。尽量不用或少用吹风机吹干头发，如果实在需要，吹风机最好距离头发20～25厘米。

（二）护发

目前最常用的护发方法是焗油。其具体做法是将头发鳞状表层易于吸收的营养素涂抹在头发上。让其有效成分在头发表面迅速形成薄而透明的保护膜，增加头发的弹性、柔软性和保湿性，使头发看起来光亮照人有如丝缎一般，并易于梳理。

除了通过焗油这种外界的营养补给方式护理头发以外，我们也可以采用食补这种内部营养调节的方式。一般来说，含有叶酸、泛酸、维生素A、维生素B1、维生素B2、维生素B6、维生素B12、维生素E等成分的物质，能促进头发的生长，为此，平时要多吃一些含蛋白质、铁、钙、锌和镁的食物。鱼类、壳类、橄榄油和坚果类干果（核桃等），也有改善头发组织，增加头发弹性和光泽的功能。

另外，在炎热的夏季里，头发也需要防晒。夏天日常外出时，应该在头发上涂抹防晒的护发素或橄榄油，以保护头发不被紫外线烧伤，避免头发干燥枯黄。

（三）梳发及按摩

梳头发的顺序，应由前至后，由左至右，由右至左地将头发完全梳理一遍。梳发时要尽量使梳子接触头皮，以起到舒筋活血、按摩头皮的作用。每天早晚用梳子梳理头发，每次3分钟，约100下左右，不仅可以刺激头皮活力，保持头发润泽柔顺，还可以保持发隙通风，防止脱发或产生头皮屑。

按摩头皮应将两手的手指张开，以指腹抓、揉头发，或者将两手呈直角置于头皮上轻轻拍打。这样做能刺激毛细血管与毛囊的运动，有助于调节头皮的分泌，并对油性和干性头发有治疗作用。

（四）发型的选择

1. 根据脸型选择发型。

圆脸：适宜将头顶部的头发梳高，使脸部视觉拉长；要用头发遮住两颊而不是额头，这样做能够使脸颊宽度减少；分发线最好是中分。

长脸：适宜加多脸部两旁的头发，以增加厚度；分发线宜采用侧分。

鹅蛋脸：各种发型均适宜。

方脸：宜在颈部结低发髻，有优雅感；或让头发披在两颊，减少脸的宽度；分发线侧分，并使分发线向头顶斜伸。

三角脸：应该增加侧部头发的份量，用头发稍遮两颊；分发线自中心向外侧斜伸。

倒三角脸：应将头发往上梳，显得头部稍长；增加两侧发量，尽量梳得蓬松；分发线采用直线中分。

菱形脸：适合以蓬松的大波浪增加侧面厚度，用头发遮住颧骨，增加脸型柔和感；分发线侧分。

大脸型：应使头发自然伏贴遮住两颊，以减少脸的宽度；宜将头发剪短，全向后梳，不要分发线。

2. 根据发质选择发型。

直而黑的头发宜梳直发，显得朴素、清纯。

柔软的头发适宜剪成活泼俏丽的短发，将“刘海”斜放在额前，耳朵露在外边。

自然卷发能顺其自然地梳出各种漂亮的发型，特别是留长发时显得华丽、高贵。

粗硬的头发很难定型，应尽量避免复杂的发型。

稀少的头发比较伏贴，适合于留长发或梳成发髻。

3. 根据职业和环境来选择发型。

发型选择时要符合自然、大方、整洁、美观的原则。不仅要跟自己的年龄、身材、体态、头型以及职业身份相符合，而且要保持相对的稳定性，不要每天更换发型。一旦选择了理想的发型，不要轻易改变。

4. 对于长发的选择。

长发是女性的偏爱，无论直或卷曲，都给人以不同的美感。因此，披肩长发在女性中可算得上流行范围最广、时间最长的。长发对于身材修长、匀称的中青年女子来说，能给人以潇洒、活泼、飘逸的美感。身材矮胖、脖子粗短、额头小鼻子低、头发稀少枯黄、后脑扁平及中年以上的妇女，不宜留长发。

二、面部清洁与化妆

（一）面部清洁

保持面部清洁是仪容仪表礼仪的基本要求。清洁面部的目的是去除脸部新陈代谢产生出的老化物质以及空气污染和卸妆的残留物。清洁面部最常见的做法是每天早晚使用专用的洗面乳洗脸，以彻底清洗脸部。正确的洗脸方法有助于保持皮肤的弹性，保持血液循环良好和新陈代谢的正常进行。

1．皮肤一般分为干性、中性、油性三种类型，在掌握正确的洗脸方法之前，首先应了解自己皮肤的性质，针对不同类型的肤质，在洗脸时采取相应的措施。

干性皮肤：在用玫瑰浸泡的水中加入几滴蜂蜜，沾湿整个面部，用手拍至干燥。每晚这样反复2～3次，便能滋润面部，使之光滑细腻。

中性皮肤：晚上用冷水洗脸后，再用热一点的水蒸气蒸脸片刻，然后轻轻抹干。

油性皮肤：洗脸时在热水中加几滴白醋，能有效地清洁皮肤上过多的皮脂、皮屑和尘埃，使皮肤显得光洁美观，并减轻毛孔堵塞。

蒸气浴：适用于各种皮肤，对油性皮肤、皮肤粗糙者作用更为明显。

2．洗脸时应注意的正确方法。

洗面乳的正确使用方法是将洗面乳先放在手上揉搓直至充分起泡，从皮脂分泌较多的额头中心、鼻翼、鼻梁两侧、嘴巴四周、下巴和T字区开始清洗，手指不要用力过猛，轻轻地由内侧和上侧画圆圈滑动清洗。

清洗脸颊时要用指腹，而不是用指尖接触皮肤，不要太用力，不可因为要清除污垢而用力揉搓肌肤，以免给肌肤带来不必要的负担。

清洗时要记得仔细清洗到发际处、脖颈、下巴底部、耳下等。清洗时用流水充分地去除泡沫，每个部位都要洗净。在较冷的季节清洗脸部，需使用温水，以免毛细孔紧闭而影响了清洗效果。

洗脸时用毛巾擦拭脸上水分时，将毛巾轻贴在脸颊上，让毛巾自然吸干水分，不可用力揉搓，以免伤害肌肤。

（二）面部卸妆

化妆后，脸部残留了很多有害物质，必须使用专业的卸妆方法保持面部的清洁。另外，卸妆不仅可以去除脸部的化妆品，还可以擦掉白天的汗水、皮脂分泌物以及附着在肌肤上的空气污染物。

一般来说，卸妆应该从浓妆部分开始，也就是从眼睛和唇部开始。眼部与唇部肌肤非常纤细，所以，在卸妆时要使用对肌肤刺激性小、卸妆效果强的专用卸妆用品，敏感部位要细心处理。特别是要注意眼影、假睫毛、眼线及唇部的卸妆。

1. 眼影的卸妆。

将化妆棉浸在适量的卸妆乳剂中。

将含有卸妆剂的两片化妆棉各敷在眼睛上，让卸妆剂与化妆品充分渗透融合。

把敷在眼部的化妆棉拿掉，中指夹住化妆棉，轻轻抵住眼睑。

化妆棉由眉毛底部朝眼睑方位移动，来回做数次。

眉毛部分用化妆棉轻轻拍打，如带假睫毛应将其取下后清洗。

2．假睫毛的卸妆。

化妆棉含卸妆剂，对折后夹住上睫毛根部挪向睫毛尾端，将假睫毛取下。同样，下面的假睫毛也用对折的化妆棉一角取下，由化妆棉一角夹住睫毛末端，由眼端处挪向眼尾。

3．眼线的卸妆。

用棉棒沾取卸妆剂后拭去眼线。处理上眼睑时棉棒要采取半躺式，从眼端移向眼尾。

处理下眼睑时棉棒直立，用棒端拭去化妆品。一些轻微的污垢只要用棉棒处理即可顺利清除。

4．唇部的卸妆。

将化妆面纸缠绕在三根手指上，喷些水，以便将它贴于唇部时感觉较柔软。

先用喷过水的面纸拭去多余的口红，再进行卸妆工作。

化妆棉由唇角中央轻抚，卸掉唇上口红，另一只手轻轻拉紧唇部使唇部皱纹张开，这样较容易清除干净。

（三）面部营养的补充

通过卸妆及洗脸去除污垢后，要补充随污垢一起流失的水分、油脂、角质层内的 NMF（天然保湿因子）等物质，使肌肤回复原来的状态，化妆水和乳液可以发挥这一功效。

化妆水的作用是补充洗脸时失去的水分。用充足的水分紧缩肌肤，使它变得柔软，紧接在其后的乳液才容易渗入。

用化妆水补充水分后，再用乳液补足水分和油分，使肌肤恢复其原有的柔软性，并为接下来的化妆做好准备。乳液含有水分、油分、保湿等肌肤必需的成分，而且这些成分调配得当，是保养肌肤不可缺少的产品。

除化妆水与乳液外，面霜也是护肤的佳品。一般人认为：面霜属油性，因此，油性肌肤的人不应选用。其实这种认识是不全面的。面霜的根本目的是在肌肤渗入含有水分的保湿剂后，制造油分保护膜，使它继续保持湿润。它替皮脂分泌少的干性皮肤补充人工皮脂膜，但它对天然皮脂膜十分充裕的油性皮肤也是不无益处的。特别是油脂多但水分相当缺乏的油性皮肤，面霜更能帮助皮肤起到保持水分的作用。

(四)口腔清洁

保持口腔清洁是注重仪容仪表礼仪的先决条件。要坚持每日早晚刷牙。刷牙可以减少口腔细菌，清除牙缝里的饭渣，防止牙石沉积。常规的牙齿保洁应做到“三个三”，即：三顿饭后都要刷牙；每次刷牙的时间不少于 3 分钟；每次刷牙的时间在饭后 3 分钟之内。

平日要多吃蔬菜、水果和粗糙的谷类，以清洁牙齿。做到不吸烟，不喝浓茶，以免牙齿变黄变黑。上班前不能喝酒，忌吃大葱、大蒜、韭菜等刺激性的异味食物。

进餐时应闭嘴咀嚼，不可在人前露出满口牙齿或发出很大响声，口臭患者在与人交谈时要保持一定的距离。

进餐后如要剔牙，应用手或餐巾掩盖，不可当众剔牙。

(五)鼻腔清洁

保持鼻腔的清洁，在个人形象礼仪中也是一个很重要的方面。鼻腔内壁的粘液和鼻毛是用以防止细菌进入的，因此应当注意，不要在他人面前用手去剜鼻孔，也不要当众拔鼻毛，这样既不文雅，又不利于健康。平时可以定期检查自己的鼻毛是否过长，如过长应用小剪刀剪短。

(六)颈部护理

颈部皮肤是人们最容易遗忘的地方，也是人体最容易显现一个人年龄的部位。因此，在日常生活中，我们要像保养脸部一样注意保持颈部肌肤的清洁，加强颈部的运动与营养按摩，使颈部肌肤绷紧，光洁动人。由于颈部肌肉呈“W”形，是最容易松弛的部位，故清洁按摩时应由下而上进行。颈部的营养按摩一般从20～25岁开始为宜，如果年龄增大，皮肤衰老，待出现皱纹以后再寻找消除方法，恐怕会事倍功半。因此，宜尽早预防，尽早护理，才能延缓颈部衰老。

(七)面部化妆

1．面部化妆的基本要求。

化妆是一门艺术，它涉及美学、生理学、心理学、造型艺术等学科。化妆又是一种技术、技巧，它不是单纯的涂脂抹粉，更不是把自己打扮得花枝招展，而是塑造一副淡雅清秀、健康自然、鲜明和谐、富有个性的容貌。

(1)学会化妆先要正确认识自己。大多数人的面容都不是十全十美，都有这样或那样不尽人意的地方。化妆的目的是在扬长避短的原则下，寻找并突出自己面部最富魅力的部位，掩盖或削弱有缺陷的地方，这样才能起到化妆的效果。

(2)化妆要以自然修整为准。生活中的美容化妆，以修整到统一、和谐、自然为准则。恰到好处的化妆，给人以文明、整洁、雅致的印象。浓妆艳抹，矫揉造作，过分的修饰、夸张，都是不可取的。

(3)不同的场合化不同的妆。妆化得或浓或淡要视时间、场合而定。在日光下、工作时间和工作场合只适合化淡妆，要选择和自己肌肤颜色相近的口红。与周围的工作气氛不相宜的浓妆艳抹，让人感觉你不够稳重，没有把注意力放在工作上。因此，在这样的环境中，应采用表现自然、质朴、亲切的淡妆。晚上，参加舞会、宴会等社交活动时，可穿着艳丽、典雅的服装，在灯光照耀下妆色可浓些，可使用发亮的化妆品。外出旅游或运动时，不要化浓妆。在秀丽的湖光山色中，最自然的就是最美的。

(4)选择合适的化妆品是美容化妆的前提条件。当前，化妆品种类繁多，根据其不同的作用可以分为三大类：清洁类化妆品，用于清洁皮肤；护肤类化妆品，用于保养皮肤；修饰类化妆品，用于修饰化妆。使用化妆品要注意，一是根据自己的肤色选择；二是根据自己皮肤性质(干、中、油)选择；三是要注意化妆品的质量；四是不要频繁更换化妆品；五是不要借用别人的化妆品，这既不卫生，也不礼貌。

(5)化妆应注意：不要当众化妆，因为那是非常失礼的，既不尊重别人，也不尊重自己，如果需要补妆，应到房间或洗手间去；不要非议他人的化妆，每个人都有各自不同的审美情趣和化妆手法，不要对他人的化妆品头论足；男士的化妆要体现男子汉的气概，应根据自己的年龄和脸型，稍稍修整眉型和发型，同时也应该保持皮肤的清洁，合理使用护肤品，切不可弄得油头粉面，花里胡哨。

2. 面部化妆的一般程序。

(1)清洁面部。清洁面部是基础性的工作，概括地说，清洁面部有以下三个主要步骤：

洁面：用温水及洗面奶彻底洗去脸上的油脂、汗水、灰尘等污秽，以使面部光洁。

扑化妆水：根据皮肤的性质，选用不同的化妆水轻扑前额、面颊、鼻梁、下巴等处，将其涂抹均匀。

擦护肤霜：使用适量的护肤霜，一是润泽皮肤，二是可以保护皮肤少受化妆品的刺激，并使粉底容易涂抹。

(2)基础底色。使用底色的目的是遮盖皮肤的瑕疵，统一皮肤色调。

选择两种适合自己皮肤的粉底霜，按面部不同的区域、分别涂抹深浅不同的粉底，在脸部的正面用接近自己天然肤色的颜色，均匀地薄薄地涂抹。在脸部的侧面，可用较深底色，从后向前，均匀地涂抹，这样可以增强脸部的立体感。

注意不要漏掉脖子、耳后及领口露出的部分。

(3)定妆。薄施定妆粉，目的是柔和妆面固定底色。可使用粉扑或散粉，扑到脸上，粉的颗粒越细效果越自然，粉色不要太白，一定要涂得薄而均匀。

(4)眉毛的修饰。眉毛能够体现一个人的性格。先将眉型略加修整，然后顺着眉毛的自然长势，从眉头画到眉尾。

眉的形状因性别而异，男士宜浓宜重，女士应轻柔一些。眉型也要与脸型相配合，如果脸型宽大，眉毛就不宜修得过细，五官纤细的人，不要将眉毛修得太浓密。

(5)眼部。画眼线：使用眼线笔紧贴睫毛由外眼角向内眼角方向描画，上眼线比下眼线重些，上眼线从外眼角向内眼角画十分之七长，下眼线画十分之三长。

画眼影：选择的眼影颜色要适合自己肤色及着装颜色，也可以用腮红或阴影色代替。涂眼影时，贴近睫毛的部位要重些，眼角部位也要重些，然后用眼影刷轻轻扫开去，与鼻侧影自然相接的地方必须颜色稍淡，过渡自然。

睫毛：为了更好地表现眼睛的神采，使其生动而有立体感，可以使用睫毛膏使睫毛看起来卷曲浓密。涂睫毛膏时，视线向下，蘸少许睫毛膏，横着拿睫毛刷，从睫毛根部刷向睫毛梢，一次不要涂得过多，以免沾染到皮肤上。一般情况下可不涂下眼睫毛。最好不要经常使用假睫毛，那样会使上眼皮松弛，加快衰老。

眼部化妆应根据自己的面部条件，同时注意眼影的色彩、浓淡，涂抹的范围应该与时间、场合、服饰等相适应。

(6)面颊。使用腮红，不但能使面颊显得红润柔美，还可以调整、修饰脸型，体现女性的魅力。

腮红的涂抹要淡抹轻染，中心应在颧骨部位，越向外侧越淡，直到面颊的红润自然地融入到底色中为止。

不同脸型的人涂抹腮红时应采用不同的方法。圆脸型的人，腮红的形状应是长条形的；长脸型的人应刷得宽些；白皮肤的人，可选用淡而明快的颜色，如浅桃红、浅玫瑰红；皮肤较黑的人，腮红的颜色可以深一些，暗一些。

(7)唇部。唇部化妆时应先画唇线，然后用浅于唇线颜色的唇膏填入唇体，涂好后用纸巾按压，或将纸巾放在上下唇之间抿一抿，以吸去多余的油脂。

涂唇膏时，要注意填充口角和唇的内侧部位，使得说话、谈笑时不会出现漏涂区。

利用唇线，使勾画的轮廓调整唇形，同时利用唇膏亮度的微妙变化，使人产生“错觉”，以弥补自身的不足。如下嘴唇突出者，宜将上唇涂得浓重些，下唇颜色稍亮些，薄唇则相反。嘴唇过宽者，宜将两边涂淡，越向中间处越浓，这样显得嘴小。

唇膏的颜色要与年龄、肤色、衣服、环境、职业相协调，要显得典雅大方。

三、手部养护

俗话说，“手是人的第二张脸”，可大多数人往往将大量的时间和金钱花在脸部肌肤上，却忽视了手部肌肤的保养和护理。试想一下，在重要的社交场合里，一张光彩照人的脸和一副苗条健美的身材却搭配着一只黯淡粗黑、满是皱纹的手是极不协调的，这会让当事人极其尴尬而且影响其仪容仪表的整体效果。所以，只注意脸部五官的修饰和保养，而忽视手部的修饰和保养是极为错误的。手部肌肤和脸部肌肤一样，同样需要我们耐心细致的养护。

（一）手部按摩

户外劳动、作业以及日常家务中，如果要干繁琐粗重的活，最好先戴上手套以防肌肤受损，事后还要将手洗净、擦干，涂上营养霜。条件允许的话，可以在家里或是定期去美容院做手部按摩，以促进手部肌肤的血液循环，增进新陈代谢以及营养成分的吸收，使其更加光滑细嫩。按摩时，先均匀涂上按摩膏，再做按摩。主要做手指按摩、手背按摩、手掌按摩。

按摩后，应将残留在手上的按摩膏洗净，并涂上营养霜。

（二）手部运动

手部运动是一种极好的保健方法，经常进行可以促进血液循环，舒筋活络。最简单的方法是将拇指放在四指、手掌内，紧紧握成拳头，再骤然放开，并尽量将手指向外伸，活动手部关节。有兴趣的人，还可以尝试一种手部体操。

1. 盘腿而坐，两手伸直向上举起，挺直脊背。

2. 肩膀不用力，一面吐气，宛如画半圆般，将手慢慢放至水平为止。

3. 以上动作反复做20次为一套，然后休息一分钟，连续做3套即可。

（三）手部防晒

长期户外奔波，特别是在阳光直射的夏季，手部应和脸部一样涂抹防晒油，以防止其晒伤受损。如果手部出现明显的色素沉淀，产生斑点，甚至出现红肿、发痒、脱皮的现象，则应注意其发展速度，必要时去医院检查，接受专门治疗。

（四）手部清洁与保养

长久以来，人们有一个观念：认为冬天里，为防止手部的干燥粗糙，不能用冷水而要用热水洗手。其实，这种观念是错误的。因为冷水不会被手部肌肤吸收，反而是用热水洗手后，热气从手上蒸发，吸收并带走了手部肌肤中的水分，从而导致手部肌肤的干燥粗糙。因此，平时我们就要尽量避免用热水洗手，在洗手时，要使用刺激性较小的香皂或不含刺激性的洗手液，并及时把手上的水分擦干。特别是在冬天，手部肌肤极易损伤，洗手之后最好使用油脂类护肤品来保护手部肌肤。另外，要保持手部柔嫩光洁，最好是入睡前在指甲根部和手指间涂抹营养霜，用柠檬擦拭，然后戴上纯棉手套睡觉。经常这样做，就能保持手的光滑柔美。另一个简单易行的办法是用煮过面条的清汤清洗和擦拭手，不但可以消除异味，还可使手部肌肤光滑。

（五）消除手部浮肿

手指的浮肿往往是由于经常食用含盐分较多的食物及血液循环不畅所致。因此，为了避免手指浮肿，不仅要多食生菜、水果、果汁等，尽量少吃含盐分较多的食物，还要经常做手部体操。也可在温水中做手部按摩，使血液循环加快，促进手部肌肤细胞的运动。

（六）手指甲修饰

我们的皮肤、毛发和指甲都是由蛋白质和角质构成的，只是软硬程度不同而已。指甲是一种半透明的薄片，外表白色，用以保护手指指尖端部，指甲内没有神经和血管。在日常生活中，我们可以从每个人指甲的指形、颜色、光泽、亮度等来判断一个人的身体健康状况。健康的指甲不但坚硬、富有弹性，而且表面光滑，微成弧形，呈淡红色。修饰手指甲时，必须注意以下几个问题。

1．了解指甲的形状。

在修饰指甲之前，必须了解不同指甲形状的修饰效果。在选出最适合自己的指甲形状后，用剪刀剪出理想的指甲形状，并用锉刀修锉毛刺，直至指甲修平为止。最理想的指甲形状是平直而顶端稍圆，这样看起来指形亮丽修长，并能使指甲两侧有较多的支持力。如果两侧的指甲稍有缺裂或指甲长长了，只需将旁边的指甲稍微修掉一点，就能维持原来的样子。

2. 保留适宜的长度。

如果留长指甲，长度最好不要超过指甲本身的1/3。一方面，指甲比较软的人留长指甲会导致指甲弯曲下垂；而指甲比较硬的人，留得太长，则很容易刺伤到别人，甚至勾破衣袜。另一方面，职业女性因工作环境要求，如工厂车间、医院、学校等，也不宜留长指甲。所以，应根据自身指甲条件和工作性质来决定怎样留指甲。

3. 修剪指甲的步骤。

(1)用化妆棉在去光水中浸到饱和，擦去原来的指甲油。

(2)锉磨每片指甲，要从两边磨向中央，切勿来回摩擦。

(3)将手浸泡在加入婴儿油的热水中约5分钟。然后用一支柔软的牙刷擦除指甲缝中的污垢，再将手用热水浸湿后擦干。

(4)用指腹揉搓指甲根部的外皮，注意不要伤到指肉。再将手浸泡在热水中，并洗去婴儿油。

4. 修整指甲的方法。

(1)弯曲手指指甲的修整方法。

弯曲指甲通常会在两手同时出现，这时指甲向里或向外弯曲。手指头本身是无法修改的，但可以将指甲修得稍微向另一边倾斜，局部看，虽然指甲是歪的，但从整个指形看却是直的。

(2)扇形指甲的修整方法。

要使扇形指甲看起来修长，可以锉掉两侧的指甲使其呈椭圆形。剪去指甲顶端较宽阔的部分，剩下的就是修长平直的指甲。

(3)向上弯曲的指甲修饰。

向上弯曲的指甲，指甲越长其弯曲的程度越高，所以指甲一长，便要将指甲剪掉。在修剪这种指甲时，最好选择椭圆形的指型，两旁稍圆能大大减低指甲向上弯曲的可能性。

5. 指甲油的涂抹。

指甲油颜色繁多，但经过美国食品、药品、化妆品监督局通过的F01/2C或C1/2C颜色最为安全。一瓶好的指甲油不含酒精及丙酮，而且使用效果能维持很长时间。指甲油的保存要避免日晒，最好是放在冰箱里。另外，判断指甲油好坏的方法，是涂在指甲上以后，不会脱落或有斑斑点点，颜色鲜艳且富有光泽，看上去浓厚有质感而不稀薄。

涂指甲油之前，应先将指甲上残余的指甲油用去光水清洗干净。指甲油使用不当，会破坏指甲的整体形象，因此，涂指甲油时要遵循下面的步骤：

第一，涂上一层护甲油(底油)以保护指甲。涂指甲油要因人而异，先擦最难擦的那只手，从大拇指开始，然后依次是小指、无名指和食指，这样每一只手指自然地跟下一只手指隔开，就不会互相沾污，等护甲油风干后，才能涂指甲油。

第二，指甲油从指甲根部开始擦，避免碰到指甲旁的皮肤。先从手指的中轴处开始刷一笔，然后依次刷左、右边，最后再刷中间。刷子不可以在指甲上按压，以免加厚层次，导致表面斑点；也不可蘸太多指甲油，否则刷出来就不平滑了。为了使指甲表面光滑，颜色均匀，应擦两层指甲油。

第三，涂第二层指甲油时，以同样的方法从根部刷到指尖，刷时笔画要超过指尖的边缘并用力向下按一下，因为指尖的指甲油最容易脱落，所以这个部位要着重刷。

四、香水的使用

除了面部化妆之外，人们在修饰仪容仪表时还常常使用香水。适当使用香水，其芬芳的香味不但能使自己风度迷人，魅力倍增，而且还能提神醒脑，去除异味。根据香水中香精的含量与香味持续时间来划分，香水分为四种类型：其一，浓香型香水。它又称为香精，香精含量为15% ~20%，香气可持续5 ~7个小时，适合人们在出席宴会、舞会时使用。其二，清香型香水。它含香精约10% ~15%，香气可持续5小时左右，适用于一般性的交际应酬。其三，淡香型香水。其香精含量约5% ~10%，香气持续的时间为3 ~4个小时，适合上班时使用。其四，微香型香水，它亦称微香氛，含香精仅为5%以下，香气持续的时间约1 ~2小时，适合于浴后进行健身运动时使用。

要正确使用香水，还需注意以下禁忌：

忌用量过多。香水在使用时如用量过多，会给人以不良刺激，反而起不到美饰自己的作用。一般情况下，一米范围内能够闻到淡淡的幽香味较为合适，若在三米左右的距离内仍可闻到香味就显得过量了。

忌使用部位不当。香水中的香精和酒精被光线照射后，在紫外线的作用下会对皮肤形成不良刺激，容易出现色素沉着，所以涂搽香水的部位最好是光线照射不到的地方。如腋下、耳后、手臂内侧等，而不要搽在手背、额头等暴露部位，比较妥当的办法是在衣领、衣角、手帕上搽一点，任其自然挥发。

忌不洁使用。要使香水发挥应有的作用，务必先洗澡，驱除不洁气味。不能单纯依赖香水来掩盖异味。假如身体不洁，香水气味不但不能掩盖散发的不良气味，而且会混合成更难闻的气味。

忌不同香水混合使用。不同品牌、不同系列、不同香型的香水不能混合使用，以免掩盖不同香水的香味特点或对皮肤产生副作用。

忌吃辛辣刺激的食物。如葱、蒜、辣椒等。因为食用这类食物后容易产生体臭，从而影响香水的使用效果。

第二节 服饰礼仪

服饰礼仪是人们在交往过程中为了表示相互尊重与友好，达到交往目的而体现在服饰上的一种行为规范。通俗地说，服饰礼仪就是着装规范。着装是一门艺术、一种文化、一种“语言”，是一个人给其他人“第一印象”的重要组成部分，是评价个人礼仪的一个重要因素。正确得体的着装，不仅能体现个人较高的精神面貌和文化修养，给人留下良好印象，而且还能够提高与人交往的能力。总的来说，着装需要时间、地点、场合、身份以及色彩的相互协调。

一、服饰礼仪的基本原则

（一）着装的 TPO 原则

TPO 原则的概念最早是由日本男装协会于 1963 年提出来

的，此原则一经提出，便迅速传播，普及到全世界，成为国际公认的着装原则。“TPO”在英语中是时间(time)、地点(place)、目的(object)三个单词开头字母的缩写。它是指人们在着装时，要注意时间、地点、目的，并与之相适应。现在，又有人将这一法则扩展成TPOP原则，就是在这个已被广泛认可的法则里再加上一个P，即个人特点(personal attributes)。

1．与时间相适应。

例如，早晚不同的时间里有不同的着装要求，白天穿的衣服要面对他人，应当合身、严谨；晚上穿的衣服不为外人所见，可以宽大、随意。在西方国家，这一要求体现得更加严格，男士在白天不能穿小礼服和夜礼服，在夜晚不能穿晨礼服；女士在日落前则不能穿过于裸露的礼服。季节上，冬天要穿保暖、御寒的冬装，夏天要穿透气、吸汗、凉爽的夏装。在不同的时期，着装的类别、式样、造型应有所不同，而且还应跟上流行的变化，体现当时的时代特点。

2．与地点相适应。

一方面，这里的地点是指根据不同国家、不同地区所处的地理位置、自然条件和风俗习惯的要求来着装。例如，在气候炎热的地方，服装以浅色或冷色调为主；在寒冷的地区，服装则以深色或暖色调为主；在一些宗教信仰要求比较严格的国家要遵守其风俗习惯，以尊重对方的思想感情，便于结交朋友，增进友谊。另一方面，地点是指着装要分场合，如上班的场合要穿得整洁、大方、美观，不可过分妖艳。女士在夏季不宜将吊带背心和超短裙穿进办公室，男士则不能穿短裤和拖鞋。社交场合要穿得时髦、流行又不乏高雅。在出席婚礼、宴会等重要活动时，女士既可以穿西装和中式服装，也可以穿旗袍和晚礼服，男士可以着中山装，也可以着正规西装，但必须系领带。休闲的场合要穿得宽松、舒适、随意。棉制的衬衣、T恤、牛仔装是郊外野游的首选，穿上它们可以使你显得轻松和惬意。

3. 与目的相适应。

着装应与交往对象、目的相适应。着装体现人们一定的意愿，自己的着装对他人留下的印象，是有一定预期的，要根据不同的交往目的和交往对象选择服饰，给人留下良好的印象。与外宾、少数民族相处，更要特别尊重他们的习俗禁忌。

（二）着装的配色原则

一般来说，黑、白、灰是服装搭配时最常用的三种颜色，它们最容易与其他颜色的服装搭配并取得很好的效果。因此，这三种颜色也被称为“安全色”。如果你对配色不是很在行，你可以大胆地使用这三种颜色。

除此之外，服装色彩的搭配要遵循上深下浅或上浅下深的原则，可采取同类配色或衬托配色的方式，例如：绿色配黄色、浅蓝配粉红、深蓝配红色等。

不同颜色的服装穿在不同的人身上也会产生不同的效果。如深色的衣服，特别是黑色、深蓝色、深咖啡色等给人以收缩感，瘦人穿着显得更加“瘦小”，而胖人穿着则会显得苗条，反之，浅色的衣服给人以扩张感，适宜瘦人穿着。

二、服饰礼仪的要求和技巧

服饰是一种礼仪、一种文化，也是一个国家和民族经济发

展的标志之一。随着国际间的交流日益加深，服装逐渐向国际化、多样化、个性化方向发展，但是，我们对着装的总体要求没有改变。除了整洁、大方、典雅、和谐是着装永远追求的目标外，我们还要求着装与自己的年龄、体形、职业相称，与周围的环境相协调。

（一）穿着要和年龄协调

俗话说："爱美之心，人皆有之。"古往今来，人们对美的追求是没有年龄之分的，但是，不同年龄的人有不同的审美观和不同的穿着要求。老年人喜着深色以显成熟稳重，青年人喜着亮色以显青春活泼。一套黑色的中山装，穿在中老年人身上会显得端庄大方、风度翩翩；穿在青少年身上则会显得少年老成、老气横秋。少女穿着色彩鲜艳的超短裙会显得朝气蓬勃、热情开朗，少妇穿超短裙则不免有虚浮轻佻之感。

（二）穿着要和体形协调

不同的人，身材有高矮，体形有胖瘦，肤色有深浅，穿着要因人而异、扬长避短。瘦子穿浅色、横条纹、大花图案的衣服可以显得圆润丰满些，胖子穿深色、竖条纹的衣服则可显得苗条清秀些。肤色较深的人穿浅色服装会显得时尚健美，肤色较白的人穿深色服装更能显出皮肤的细腻白嫩。

（三）穿着要和职业协调

例如，年轻人模仿能力强，教师的一言一行和穿着打扮对学生们有很大影响，因此，教师在学校里不宜染头发、穿奇装异服，不能打扮得过于前卫，在上课时更不能浓妆艳抹、珠光宝气。医院的医生、护士也不能穿得过于鲜艳，打扮得花枝招展不仅会影响病人和家属的心情，也不利于病人的治疗和休养。

（四）穿着要和环境协调

在喜庆场合不能穿得太古板，在悲伤场合不能穿得太花哨，在庄重场合不能穿得太随意，在休闲场合不必穿得太正规。高跟鞋和西服套裙显得高雅大方，适合在参加宴会时穿着，但不适于去登高探险、郊外野营。

三、男士西服着装规范

西服，又称西装、洋服。它起源于欧洲，目前是全世界最流行的一种服装，也是男士们在正式场合着装的最优选择。男士们要想使自己所穿的西装真正称心合意，就要了解西装在选择、穿法和搭配上相关的礼仪规范和要求。

（一）西服的选择

挑选一套面料上乘、做工精细、款式大方、适合于多种场合穿着的西服，需要关注其面料、色彩、图案、款式、造型、尺寸、做工七个方面的细节。

1. 面料。鉴于西服适用于多种场合，且往往在正式场合被充当正装或礼服之用，故此，其面料的选择应力求高档。多数情况下，毛料应为西装首选的面料。

2. 色彩。西服的色彩必须庄重、正统，而不应过于亮丽和花哨。据此，适合于男士在正式场合中穿的西服的颜色，应当首推藏蓝（青）色。除此之外，还可以选择灰色、棕色或黑色的西服。按照惯例，男士在正式场合不宜穿色彩过于鲜艳或发光发亮以及朦胧色、过渡色的西服。越是正式的场合，越要求穿纯色的西服。

3. 图案。男士要求看上去成熟稳重，过多的图案会适得其反，所以其西服一般以纯色无图案的为好。

4. 款式。西服的具体款式有两种最常见的分类方法。

(1)按照西服的件数来划分，西服有单件与套装之分。所谓西服套装，指的是上衣与裤子成套，包括两件套与三件套两种。两件套西服套装包括一件上衣和一条裤子。三件套西服套装则包括一件上衣、一条裤子和一件背心。在参加高层次的商务活动时，以穿三件套的西服套装为好，因为它看起来要更加正规一些。

(2)按照西服上衣的纽扣数量来划分，西服上衣有单排扣与双排扣之分。一般认为，单排扣的西服上衣比较时尚，双排扣的上衣则较为传统。

5. 造型。西服的造型，又称西服的版型，它指的是西服的外观形状。目前，常见的西服版型有欧式、英式、美式、日式等四种。欧式西服洒脱大气，英式西服剪裁得体，美式西服宽大飘逸，日式西服则贴身凝重。男士应根据自己的身材和气质来选择，一般来说，欧式西服要求穿着者高大魁梧，美式西服穿起来稍显散漫。比较而言，英式西服与日式西服似乎更适合于中国人穿着。

6. 尺寸。穿着西服，要大小合身，宽松适度。在任何场合，所穿的西服过大或是过小，过松或是过紧，过肥或是过瘦，都会影响整体效果，损害其个人形象。

7. 做工。做工精致与否是判断西服质量的一个重要因素。在挑选西服时，检查其做工的优劣，要注意以下几点：一是要看其衬里是否外露，二是要看其衣袋是否对称，三是要看其纽扣是否缝牢，四是要看其表面是否起泡，五是要看其针脚是否均匀，六是要看其外观是否平整。

在选择西服时，除了上述七个方面的细节必须加以关注之外，还要了解正装西服与休闲西服的区别。一般来说，正装西服适合在正式场合穿着，其面料多为毛料，色彩多为深色，款式则讲究庄重、保守，并且基本上都是套装。休闲西服则恰好与其相反，大都适合在非正式场合穿着，但有时也用于舞台表演，其面料可以是棉、麻、丝、皮，也可以是化纤、塑料的，其色彩多半都是鲜艳、亮丽的色彩，并且多为浅色，其款式强调宽松、舒适、自然，有时甚至以标新立异见长。通常，休闲西服基本上都是单件的。

（二）西服的穿法

俗话说，“西服七分在做，三分在穿”。怎样穿西服才符合礼仪的规范呢？根据西服礼仪的基本要求，男士在穿西服时，要注意以下几个方面的问题：

1. 要拆除衣袖上的商标。西服上衣左边袖子上的袖口处，通常会缝有一块商标，有时，那里还同时缝有一块纯羊毛标志，在正式穿西服之前，一定要将它们先行拆除。有的人故意将商标露在外面显示其西服的品牌和档次，这是十分不妥的。

2. 要熨烫平整。一套平整挺括、线条笔直的西服不仅会使其本身看上去质地精良、美观大方，也给穿着者带来了意想不到的效果。西服的保养除了要定期对其进行干洗外，还要在每次正式穿着前进行熨烫，穿着后及时挂起，这样才能保证下次穿着时平整挺括。

3. 要系好纽扣。穿西服时，上衣、背心与裤子的纽扣，

都有一定的系法。通常，单排两粒扣式的西服上衣，讲究“扣上不扣下”，即只系上边那粒纽扣，或全部不系。单排三粒扣或四粒扣式的西服上衣，要么保留最下边那粒纽扣，要么系上所有纽扣。而双排扣的西服上衣必须系上所有的纽扣，以示庄重。

穿西服背心，不论是将其单独穿着，还是与西服上衣配套，都要认真地系上纽扣。一般情况下，背心只能与单排扣西服上衣配套。背心也分为单排扣式和双排扣式两种。根据着装惯例，单排扣式西服背心的最下面那粒纽扣可以不系，而双排扣式西服背心的纽扣则必须统统系上。

目前，在西裤的裤门上“把关”的，有的是纽扣，有的是拉链。前者较为正统，后者使用起来更加方便。不管穿何种西裤，都要时刻提醒自己，将纽扣全部系上，或是将拉链认真拉好。

4. 要不卷不挽。穿西服时，一定要保持其原状。在公众场合里，任何情况下都不可以将西服上衣的衣袖挽上去，也不能随意卷起西裤的裤管。否则，极易给人以粗俗之感。

5. 要慎穿毛衫。成功人士要将一套西服穿得有“型”有“款”，除了衬衫与背心之外，在西服上衣里面，最好不要再穿其他任何衣物。在气候寒冷的地区，只能加一件薄型“V”字领羊毛衫或羊绒衫。这样既不会显得过于花哨，也不会妨碍自己打领带。不要穿色彩、图案十分复杂的羊毛衫或羊绒衫，也不要穿扣式的开领羊毛衫或羊绒衫，否则会使西服变形走样，给人以臃肿感。

6. 要巧妙搭配。西服的标准穿法是衬衫之内不再穿其他衣物。至于不穿衬衫，而以T恤直接与西服搭配的穿法，在正式场合是不允许的。

7. 要少装东西。为使西服穿着时在外观上保持笔挺、不走样，就应当在西服的口袋里少装东西或不装东西。具体而言，在西服上，不同的口袋发挥着各不相同的作用。上衣左侧的外胸袋除可以插入一块用以装饰的真丝手帕外，不准再放其他任何东西，尤其不应当放钢笔、挂眼镜。内侧的胸袋，可以用来放钢笔、钱夹或名片夹，但不要放过大过厚的东西或叮当响的钥匙等物。外侧下方的两个口袋，原则上不放任何东西。

在西服背心上，口袋大多只起到装饰作用。除可以放置怀表外，不宜再放别的东西。

在西服裤子上，两只侧面的口袋只能放纸巾、钥匙包或者碎银包。其后侧的两只口袋，一般不放任何东西。

（三）西服的搭配

成功地穿着西服还必须考虑与其他衣饰的搭配。因此，男士穿着西服时，必须掌握衬衫、领带、鞋袜和公文包与之进行搭配的基本常识和技巧。

1. 衬衫。与西服搭配的衬衫，应当是正装衬衫。正装衬衫要具备以下几个特征：

（1）正装衬衫要选用高织精纺的纯棉、纯毛面料。以棉、毛为主要成分的混纺衬衫，亦可酌情选择。

（2）正装衬衫必须为纯色。在正规的商务应酬中，白色衬衫是男士的最佳选择。除此之外，蓝色、灰色、棕黑色，有时亦可考虑。

（3）正装衬衫一般没有其他任何花色。较细的条纹衬衫可

以在一般的场合中穿着。但是，条纹衬衫不能与条纹西服相搭配。

(4)正装衬衫的衣领多为方领、圆领和长领。进行选择时，要考虑本人的脸型、脖长以及领带结的大小。

(5)正装衬衫的衣袖必须为长袖，且必须盖过手掌的虎口。

(6)正装衬衫一般不设计胸袋，以免有人在胸袋里乱放东西。即使穿有胸袋的衬衫，也要尽量不放或少放东西。

在穿着正装衬衫时也要注意以下几点：

(1)衣扣要系上。穿西服的时候，衬衫的所有纽扣都要一一系好。只有在穿西服不打领带的时候，才必须解开衬衫的领扣。

(2)袖长要适度。穿西服时，衬衫的袖子最好露出西服袖口1厘米左右。

(3)下摆要放好。穿长袖衬衫时，不论是否穿外衣，都要将下摆均匀掖进裤腰之内。

(4)大小要合身。除休闲衬衫外，衬衫既不宜过于短小紧身，也不应过分宽松肥大。

(5)男士在自己的办公室里，可以暂时脱下西服上装，直接穿长袖衬衫，打领带。但这种装束不能参加正式活动。

2. 领带。男士穿西服时最重要的配件就是领带。在欧美各国，领带与手表、装饰性袖扣并称为“成年男子的三大饰品”。男士在挑选领带时，要注意以下几点：

(1)面料。最好的领带，应当是用真丝或羊毛制作而成的。涤丝制成的领带售价较低，易于打理，有时也可以使用。除此之外，由棉、麻、绒、皮、革、塑料、珍珠等制成的领带，在正式场合里均不宜佩戴。

(2)色彩。在商务活动中，蓝色、灰色、棕色、黑色等单色领带都是十分理想的选择。切勿使自己佩戴的领带多于三种颜色。同时，也尽量少打浅色和颜色鲜艳的领带。

(3)图案。主要是以单色无图案的领带为主，有时也可选择以条纹、圆点、方格等规则形状为主的领带。

(4)款式。领带的款式往往受到时尚潮流的影响。因此，职业人士应注意以下四点：一是领带有箭头与平头之分。下端为箭头的领带，显得比较传统、正规；下端为平头的领带，则显得时髦、随意一些。二是领带有宽窄之别。除了要尽量与流行保持同步以外，领带的宽窄最好与本人的胸围和西服上衣的衣领形状相一致。三是简易式的领带，如“一拉得”领带、“一挂得”领带等，均不适合在正式的场合中使用。四是领结宜与礼服、翼领衬衫搭配，并且主要适用于出席宴会等高级社交场所。

(5)配套。有时，领带与装饰性手帕会被组合在一起成套销售。与领带配套使用的装饰性手帕，最好与其面料、色彩、图案完全相同。

(6)质量。一条好的领带，其质量必须符合以下要求：外形美观、平整，无跳丝、无疵点、无线头，衬里不变形，悬垂挺括，较为厚重。宁可不打领带，也不要以次充好。

3. 鞋袜。与西服配套的鞋子是皮鞋。皮鞋应当选用真皮面料。常见的有牛皮鞋、羊皮鞋。麂皮鞋、磨砂皮鞋、翻毛皮鞋等大都属于休闲皮鞋，一般不适合在正式场合穿着。与西服配套的皮鞋，在颜色上宜选用深色和单色。黑色皮鞋可以和任何颜色的西服配套。

男士在穿皮鞋时应做到：

(1)鞋内无味。为了避免经常穿着的皮鞋产生的异味影响别人，至少要购买两双适合正式场合穿着的皮鞋，以便经常换穿、晾晒，以消除异味。

(2)鞋面无尘。皮鞋必须天天上油上光，反复擦拭。不管鞋子是否名牌，假如它“蒙尘”良久，肯定不会给人以好感。

(3)鞋底无泥。每日擦皮鞋时，切记同时打扫一下鞋跟和鞋底。雨天、雪天拜访他人时，还要在进门前再次检查一下鞋底，并采取适当的措施及时将脏物清除干净。

(4)鞋垫相宜。使用鞋垫时，一定要令其大小与皮鞋相适应。

(5)尺码恰当。正式场合所穿的皮鞋，其大小必须恰到好处。过大或过小不但会影响穿鞋时的舒适感，还会造成足部疾病。

男士在穿西服、皮鞋时所搭配的袜子，以深色和单色为宜，并且最好是黑色的。同时也要注意：

(1)袜子要干净。袜子要做到一天一换，洗涤干净，以防止其异味令自己难堪，令他人难受。

(2)袜子要完整。穿袜之前，一定要检查它有无破洞、跳丝。如果发现有，应及时更换。

(3)袜子要成双。无论如何，穿袜子时都要穿成双的袜子。不要因为粗心大意或赶时间，而将原非一双的两只袜子随意穿在一起，尤其当两者色彩不同，图案各异时，更不应该这么做。

(4)袜子要合脚。在正式场合穿的袜子，其大小一定要合脚。特别应当注意，别穿太小、太短的袜子。袜子太小，不但易破，而且容易从脚跟上滑下去。袜子太短，则时常会使腿肚子外露出来。一般而言，袜子的长度不宜低于自己的踝骨，袜口不要露在裤脚、裙边之外。

(5)必须强调，赤脚穿皮鞋乃是失仪之举。职业人士绝对不可以那样做。

4. 公文包。公文包被称为职业人士的“移动办公桌”，是外出时不可离身之物。

男士所选择的公文包，面料以真皮为宜，并以牛皮、羊皮制品为最佳。在一般情况下，黑色、棕色的公文包是最适宜的选择。标准公文包，是手提式的长方形公文包，箱式、夹式、挎式、背式等其他类型的皮包，均不能在正式场合里使用。公文包的使用，有以下四点基本要求：

(1)用包不宜多。出外办事，带包应以一只为限。

(2)用包不张扬。使用公文包前，必须先拆去所附的真皮标志。在外人面前，切勿显示自己所用的公文包品牌如何知名，价格如何昂贵。

(3)用包不乱装。外出之前，一方面要检查随身携带之物是否已装在公文包的既定之处，另一方面，别使包装得太满，放在包里的物品，一定要有条不紊地整齐摆放，这样在需要时，可以方便寻找，不至于耽误时间，在别人面前显得尴尬。

(4)用包不乱放。到别人那里去，应将公文包自觉地放在自己座位旁边或主人指定之处，而切勿将其乱放在他人的桌椅之上。在公共场所里也必须注意，包的放置不得有碍于他人。

四、女士套裙的着装规范

女士在正式场合的着装，以裙装为佳。而在这些裙式服装中，套裙又是首要的选择。在多数人眼里，套裙与职业女装直接画上了等号。

每一套正规的套裙，一般都是由一件女式西服上衣和一条半截裙所构成的两件套女装。但现在也有很多是由一件女士西服上衣和一条无袖背心裙构成，甚至有时也可见到将无袖背心裙分成背心和短裙的三件套套裙。

一套经典的、可供女士在正式场合穿着的、做工考究的套裙，应当是由高档面料缝制而成的，上衣与裙子应当采用同一质地、同一颜色的素色面料，款式上讲究为着装者扬长避短，提倡量体裁衣、定制定做。一般而言，套裙的上衣注重平整、挺括、贴身，较少使用饰物、花边进行点缀，裙子则以窄裙为主，并且裙长应当及膝或过膝。

（一）套裙的选择

1. 面料。套裙的上衣、裙子及背心等组成部分最好选用相同的质地上乘的纯天然面料。外观上要求看起来匀称、平整、滑润、光洁、丰厚、柔软、悬垂、挺括；不仅弹性、手感要好，而且应当不起皱、不起毛、不起球。

2. 色彩。在色彩方面，套裙应以浅色或冷色调为主，从而体现出着装者的高贵典雅、端庄稳重。切记一套套裙的全部色彩至多不超过两种，否则就会显得杂乱无章。

3. 图案。在正式场合穿着的套裙，一般不带有任何图案。但有时为体现独特的气质，可以选用以各种或宽或窄的格子、或大或小的圆点、或明或暗的条纹为主要图案的套裙。实践证明，这种套裙一直深受追求个性的女士们的欢迎。

4. 点缀。套裙上添加过多的点缀，会使其显得琐碎、杂乱、低俗和小气。一般而言，以贴布、绣花、金丝、彩条、扣链、亮片、珍珠、皮革等加以点缀或装饰的套裙，穿在白领女士身上，反而会适得其反。

5. 尺寸。套裙的上衣不宜长过臀部，最标准、最理想的裙长是裙子的下摆恰好到着装者小腿肚上最为丰满的地方。以宽窄肥瘦而论，套裙的上衣分为紧身式与宽松式两种。紧身式上衣的肩部平直、挺拔，腰部收紧或束腰，其长度不过臀，整体上呈倒梯形造型，线条硬朗而鲜明。宽松式上衣的肩部大都任其自然，肩衬可以垫高一些，腰部概不收缩，衣长往往直至大腿，线条上讲究自然流畅。大多数女士认为，紧身式上衣显得较为正统，宽松式上衣则看起来更加时髦一些。

6. 造型。套裙的造型，具体是指它的外观与轮廓。总的说来，造型的基本轮廓大致上分为"H"型、"X"型、"A"型、"Y"型等四种类型。

"H"型造型套裙的主要特点是：上衣较为宽松，裙子亦多为筒式。这样一来，上衣与下裙便给人以直上直下，浑然一体之感。它既可以让着装者显得优雅、含蓄和帅气，也可以为身材肥胖者遮丑。

"X"型造型套裙的主要特点是：上衣多为紧身式，裙子则大多是喇叭式。实际上，它有意识地以上紧下松来突出着装者纤细的腰部。此种造型的套裙轮廓清晰生动，可以体现着装者娇好的身材，使其看上去婀娜多姿、楚楚动人。

"A"型造型套裙的主要特点是：上衣多为紧身式，裙子则为宽松式。此种上紧下松的造型，既能体现着装者上半身的身材优势，又能适当地遮掩其下半身的身材劣势。不仅如此，它还在总体造型上显得松紧有致、富于变化和动感。

"Y"型造型套裙的主要特点是：上衣为宽松式，裙子多为紧身式，并且以筒式为主。它的基本造型，实际上就是上松下紧。一般说来，它意在遮掩着装者上半身的短处，同时表现出下半身的长处。这类套裙往往会令着装者看上去亭亭玉立、端庄大方。

7. 款式。上衣款式的变化主要表现在衣领方面。除了最为常见的平驳领、松驳领、一字领、圆领、"V"字领、"U"字领之外，还有青果领、披肩领、燕翼领、蟹钳领、束带领等领型。

上衣的另一个主要变化，是在衣扣方面。它既有无扣式的，也有单排扣式、双排扣式的；既有明扣式的，也有暗扣式的。在衣扣的数目上，少则只有一粒，多则超过十粒。就具体作用而言，有的纽扣发挥实际作用，有的纽扣则起着装饰作用。

除了领型、纽扣等方面的变化，套裙之中的上衣在门襟、袖口、衣袋等方面，往往也会不断翻新花样。

作为套裙的主角——裙子的式样也不乏变化。最常见的西服裙、一步裙、围裹裙、筒式裙等不仅款式端庄，而且线条优美；百褶裙、旗袍裙、开衩裙、"A"字裙、喇叭裙等则飘逸洒脱、高雅亮丽，深受人们喜爱。

（二）套裙的穿法

选择一套合身的套裙，要注意以下几个方面：

1. 套裙的上衣可以短至腰部，也可长达小腿的中部。一般情况下，上衣不宜太短，裙子也不可以过长。上衣的袖长不超过着装者的手腕，裙子不盖过脚踝。

2. 穿着到位。在穿着套裙时要将上衣的领子完全翻好，衣袋的盖子要拉出来盖住衣袋；不允许将上衣披在身上，或者搭在身上，裙子要穿着端端正正，上下对齐。

按照规矩，女士在正式场合穿套裙时，上衣的衣扣必须全部系上，不允许将其全部或部分解开，更不允许当着别人的面随便将上衣脱下。

3. 考虑场合。商务礼仪规定：女士在各种正式的商务交往之中，一般以穿着套裙为好。在出席宴会、舞会、音乐会时，可酌情选择适合参加这类活动的礼服或时装。

4. 协调妆饰。得体的穿着打扮要求女士的着装、化妆与佩饰颜色一致，风格统一。就化妆而言，女士在穿套裙时应遵守其基本原则：既不可以不化妆，也不可以化浓妆。女士们在工作岗位上要突出的是工作能力和敬业精神，而非自己的性别特征和靓丽容颜，所以应当只化淡妆，恰到好处即可。就佩饰而言，饰物以少为宜，要合乎自己的职业和身份。不允许佩戴过度张扬自己“女人味”的耳环、手镯、脚链等首饰。

5. 兼顾举止。穿上套裙之后，女士在站立时，可采用丁字步，不可以将双腿叉得太开，站得东倒西歪，或是倚墙靠壁而立。就座以后，两脚并拢斜放，不可双腿分开过大，或是翘起一条腿来，脚尖抖动不已，更不可以用脚尖挑鞋晃动，甚至当众脱下鞋来。另一方面，由于裙摆所限，穿套裙者走路时不能跑动或是大步流星地向前奔去，而只宜以小碎步疾行。行进之中，脚印应成一条直线，步子以轻、稳为佳。

（三）套裙的搭配

在套裙的搭配上，主要应考虑衬衫、内衣、衬裙、鞋袜的选择是否得当。

1. 衬衫。面料上讲求轻薄、柔软，因此真丝、麻纱、府绸、罗布、花瑶、涤棉等，都可以用做其面料。

从色彩上讲，它的要求则主要是雅致和端庄，且不失女性的妩媚。除了白色以外，其他颜色只要不是过于鲜艳，与所穿的套裙色彩不互相排斥，均可选用。但是，以单色为最佳。同时，应使衬衫的色彩与所穿套裙的色彩协调，要么外浅内深，形成两者之间的对比。

与套裙配套穿着的衬衫上，最好不要有图案。穿衬衫时，必须注意以下事项：一是衬衫的下摆必须掖入裙腰之内，不得任其悬垂于外或是将其在腰间打结。二是衬衫的纽扣要全部系好，除最上端的一粒纽扣按惯例允许不系外，其他纽扣不得随意解开。三是在公共场合，不可随意脱下外衣，直接将衬衫穿在外面，特别是紧身、透明的衬衫，更要注意这一点。

2. 内衣。内衣被女士们称为“贴身的关怀”。在穿着套裙时，必须慎重选择所穿的内衣，并注意其穿法。一套内衣往往由胸罩、内裤以及腹带、吊袜带、连体衣等构成。它应当柔软贴身，并且起着支撑和烘托女性线条的作用。选择内衣时，最关键的是要使之大小适当，既不能过于宽大晃悠，也不能过于窄小夹人。

内衣所用的面料，以纯棉、真丝为佳，颜色多选用白色、肉色、粉红色。在穿着时，不宜外穿、外露、外透。

3. 衬裙。穿着薄形面料或浅色面料的套裙时，为避免自己的内衣被外人所见，必须在套裙里穿上衬裙。在款式上，套裙应注意线条简单、穿着合身；在颜色上，应采用白色、肉色；在穿着上，应大小合适、不暴露在外。

4. 鞋袜。鞋袜被称为“脚上风光”，每一位爱惜自身形象的人都不可对其马虎大意。

选择鞋袜时，应当以皮鞋和丝袜为主。在颜色上，黑色皮鞋和肉色丝袜最为正统，也可选择与套裙色彩一致的皮鞋。鞋子在与套裙搭配穿着时，款式以高跟、半高跟的船型皮鞋为主，不宜采用系带式皮鞋和丁字式皮鞋。在正式场合，皮靴和皮凉鞋也不宜与套裙搭配。袜子多采用连裤袜，这是与套裙的标准搭配。

总的来说，女士在选择与套裙相配的鞋袜时，要注意：

(1) 鞋袜应当大小适宜。鞋子大了不跟脚，并且会露出趾缝；袜子大了则会松松垮垮，甚至还会往下掉。

(2) 鞋袜应当完好无损。鞋子如果开线、裂缝、掉漆、破残；袜子如果有洞、跳丝，均应立即更换。

(3) 鞋袜不可当众脱下，有些女士喜欢用脚尖挑鞋，或是处于半脱鞋状态，甚至当着外人的面脱去袜子，这些都是不可取的。

(4) 不允许穿两只不同的袜子；不可将袜口暴露在外。

五、穿制服的礼仪规范

对职业人士而言，制服是自己在工作岗位上必须穿着的，体现服务特性的上班装或工作服。

职业人士穿着制服时应注意：

（一）制服的选择

制服在制作和选择上，要考虑的主要是面料、色彩、款式、分类、做工等重要问题。

1. 面料要好。

在一般情况下，本着既经济实惠又美观大方的原则，应当优先考虑纯毛、纯棉、纯麻、棉毛、毛麻、毛涤等面料。

纯毛、纯棉、纯麻等面料，不仅质地纯天然，而且吸湿、透气、贴身，不仅穿着舒适，在外形上也美观大方。

棉毛、棉麻、毛麻、毛涤等，皆属于高档混纺面料。它们大都是悬垂、挺括、结实、耐折、耐磨，在价格上比较便宜，经济实惠，因而是普通大众的首选。

2. 颜色要少。

应当选择本单位的标志性颜色。在用来塑造企业形象的“形象识别系统”之中，标志性色彩占据着重要位置。

应当力求单一而偏深的颜色。企业制服最常使用的是蓝、灰、棕、黑等几种颜色。蓝色的制服表示严谨，灰色的制服表示稳重，棕色的制服表示文雅，黑色的制服表示高贵。

制服的颜色在总量上应被限制在三种以内，即与制服一同穿着的衬衫、领带、帽子、鞋袜，包括制服本身在内，其色彩不超过三种颜色，这被称为制服色彩搭配的“三色原则”。这种做法，不但可以产生最佳的配色效果，而且还体现出职业人士简洁大方的衣着风格。在采用两种或三种颜色进行搭配时，最好使其中一种颜色为白色，且不要按等比关系对其进行搭配。

此外，除本单位的标志之外，制服上不宜出现任何图案或饰物。

3. 款式优雅。总的要求是雅致端庄。职业人士穿上制服后，应当显得既精明干练、神气十足，又不失文质彬彬、温文尔雅。根据“优雅”的总体要求，款式上都必须避免“露、透、短、紧”。

（二）制服的穿法

制服既然属于上班装，那么对身着制服上班的人士而言，穿着和搭配制服，就必须严格遵守有关礼仪规范和本单位的具体规定。

1. 忌脏。穿着制服，必须使其在任何情况都保持干净整洁的状态。制服要经常定期或不定期地换洗。

2. 忌皱。穿着制服，要求其整整齐齐、外观完好。对于面料容易产生折皱的制服，必须采取一些必要的防范措施。例如，脱下来的制服应当挂好或叠好，切勿随手乱扔，洗涤后的制服，要熨烫或是上浆。穿制服时，不要乱倚、乱靠、乱坐。

3. 忌破。在工作之中，职业人士穿的制服经常会在一定程度上形成破损，发现后，就不宜在工作岗位上继续穿着，特别是在“窗口”部门工作的人，应当立即采取必要的补救措施。

4. 忌乱。在单位里穿制服，最忌讳一个“乱”字。一些人虽然穿了制服，但是却太过于随便。如：敞胸露怀、不系领扣、高卷袖筒、挽起裤腿、不打领带、衬衫下摆不束起来等。如此做法，不仅有损制服的整体造型，还破坏了企业的对外形象。

（三）制服的搭配

职业人士在穿制服时，应按规定使用与其配套的衣饰。要将衬衫、帽子、鞋袜、皮带与制服系统地、有机地搭配起来，使其在整体风格上与制服保持一致。

六、佩戴饰品的礼仪规范

在社交活动中，人们除了要注意服装的选择外，还可根据不同的场合要求佩戴戒指、耳环、项链、胸花等饰品。

（一）戒指

在欧美地区，人们将结婚戒指戴在左手的无名指上，是因为古罗马人认为左手的无名指上有一条静脉血管直通心脏，把结婚戒指戴在左手上就可以获得真挚、永恒的爱情。

在今天，戒指已经被世界各地的男女们认可为一种装饰品。它之所以能够在民间特别是广大妇女中赢得普遍的喜爱，是由于它象征着友谊，爱情和幸福。

戒指的佩戴往往暗示着佩戴者的婚姻和择偶状况。例如：把戒指戴在食指上，表示无偶或求婚的意思（另一说是守寡的意思）；戴在中指上，表示已有了意中人，正处在恋爱之中；戴在无名指上，表示已订婚或结婚；戴在小手指上，则暗示自己是一位独身者。在不少西方国家，未婚女子的戒指戴在右手而不是左手上。修女的戒指戴在右手无名指上，这意味着她已经将爱献给了上帝。

(二)耳环

耳环是女性的重要首饰，其使用率仅次于戒指。根据脸型特点佩戴耳环时应注意以下几点：

1. 长形脸适宜佩戴圆拱形的大耳环，它可以将人们的视线引向闪光、漂亮的饰物。由于视觉横向移动，产生了宽度感，有利于长形脸印象的改变。

2. 方形脸不宜佩戴圆形、方形和菱形耳环。方形脸可以佩戴心形、花形、不规则几何形的贴耳式耳环，这些耳环的形状、色彩、光亮度形成的扩张感可以减弱下巴的宽度。

3. 圆形脸不宜佩戴过分规则的圆形耳环和正方形耳环。圆形脸宜佩戴有坠耳环可以利用耳环的重挂所形成的纵长度，使圆形的外轮廓有所改观。

4. 三角形脸在佩戴耳环时，宜选择星点状的贴耳式耳环，它可以使下颌的宽度不太显眼。

5. 椭圆形脸不仅适合于梳理各种发型，而且也适合佩戴各种耳饰。例如佩戴大耳环或有坠耳环，显得丰满多姿，佩戴小耳环或无坠耳环，有秀气俏丽的美感。

除此之外，耳环与发型要相互配合。耳环的点缀可以使发型更为丰满多姿，发型的衬托又令耳环熠熠生辉。与高雅的发式相和谐的耳环，以金、钻石、宝石、珍珠为好。黑色头发与任何一种耳环的颜色相配，均能产生良好的效果。

(三)项链

项链也是受到女性青睐的重要首饰之一。它大致可以分为金属项链和珠宝项链两大系列。金属项链一般由金、银制成，款式上有方丝链、花丝链、水波纹链、马鞭链等。珠宝项链主要由珍珠、玛瑙、玉器、象牙等贵重珠宝串制而成。佩戴项链应注意以下几点：

1．佩戴项链应和自己的年龄及体型相协调。脖子细长的女士佩戴方丝链，更显玲珑娇美；脖子短的女士佩戴颗小而长的项链，可以增加脖子的长度；老年人宜选择质地上乘，工艺精细的项链；如翡翠、绿松石项链；中年人宜选择工艺性强、质地中档的项链；青年人肤色红润，宜选择质地较好、颜色亮丽、款式新颖的象牙、珍珠项链等。

2．佩戴项链应和服装相呼应。身着柔软、飘逸的丝绸衣衫裙时，宜佩戴精致、细巧的项链，显得妩媚动人；穿单色或素色服装时，宜佩戴色泽鲜明的项链。

（四）胸花

胸花也叫襟花，多用于正式宴会、大型招待会、开业典礼或特别的节日。胸花与衣服既有对比美，又有协调美。

胸花用金属或塑料制成，有的还镶嵌宝石。用与衣料相同的呢绒做成的胸花也很别致。胸花若能与服装合理搭配，一定能产生画龙点睛的效果。

需要指出的是：在工作岗位上，首饰要限量佩戴。如以佩戴饰物来显示自己的华贵娇艳，会产生不良的影响。

第三节　举止礼仪

举止是人际交往过程中的礼仪表现形式。在心理学上，举止被称为“形体语言”，是指人在站立、就座、行走时的肢体动作或面部表情。日常生活中，人们的一个眼神，一个表情，一个微小的手势和体态，都可概括为举止。

举止是一种无声“语言”，它用人体的动作、表情作为词汇来象征人的心灵、表达人的思想感情，是一种动态中的美，是一个人德、才、学、识等各方面修养的外化。在社会交往中，举止不仅能在一定程度上反映一个人的文化水平、道德修养等综合素质，更关系到一个人整体形象的塑造。

端庄含蓄的行为，给人以深沉稳健的印象；从容潇洒的动作，给人以清新明快的感觉；坦率真诚的微笑，则使人赏心悦目。优雅得体的举止不是天生就有的，只有掌握正确的举止礼仪规范，积极主动地参与形体训练，矫正不良习惯，才能达到自然美与修饰美的最高境界。

一、规范的站姿

站立是人们社会交往中一种最基本的举止，是人的一种本能。常言道，“站如松”，就是说，站立要像松树那样端正挺拔、优美典雅。站姿显现的是静态美，是训练其他优美举止的基础，是表现不同姿态美的起始点。

（一）站姿的基本要领

1．头正。两眼平视前方，嘴唇微闭，微收下颌，表情自然平和，面带微笑。

2．肩平。双肩放松，稍向下压，身体有向上的感觉，呼吸自然。

3．臂垂。两臂放松，自然下垂于体侧，中指对准裤缝；也可两手交叉置于体前。

4．躯挺。收腹，挺胸，立腰，提臀。

5. 腿并。双腿贴紧立直，脚尖分开，脚跟并拢，两脚夹角成60度，身体重心放在两脚中间。

（二）不同场合的站姿

掌握了站姿的基本要领后，在不同的场合，还可在此基础上做些调整。

1. 女性在站立时，可将两脚平行靠紧，或前后略微错开成小丁字步，即一脚稍微向前，脚跟靠在另一脚内侧。双臂下垂置于腹部，右手搭握在左手的四指上。在站立中身体重心还可以在两脚间转换，以减轻疲劳，这是一种常用的接待站姿。

2. 男性在站立时，可将两脚平行站立，与肩同宽或略窄于肩宽，左手握住右手腕，贴住腹部。或采用背手站姿，即双手在身后交叉，右手贴在左手外面，贴在两臀中间。两脚可分可并。分开时，不超过肩宽，脚尖展开，两脚夹角成60度挺胸立腰，收颌收腹，双目平视。

3. 在晃动的车（或其他交通工具）上，可将双脚略分开（不超过肩宽）以保持平衡；重心放在前脚掌，膝部不要弯曲，稍向后挺，即使低头看书，也不要弯腰驼背。

4. 与人交谈或等人时，可采取较为轻松的站姿。脚或前后交叉，或左右开立，肩、臂不要用力，尽量放松，可自由摆放，头部须自然直视前方，背部挺直。采用此姿势，不要频繁转移重心，否则给人不稳重的感觉。

（三）其他注意事项

1. 站立时，竖看要有直立感，即以鼻子为中线的人体应大体成直线；横看要有开阔感，即肢体和身段应给人舒展的感觉；侧开要有垂直感，即从耳朵到脚踝骨应大体成直线。男子的站姿应刚毅洒脱，挺拔向上；女子应站得端庄秀美，优雅大方。

2. 良好的站姿应该真正像松树一样舒展、挺拔、俊秀，要注意：

(1)站立时不要左顾右盼，东倒西歪，左摇右晃，耸肩、驼背、塌腰；

(2)站立时身体不要靠门、靠墙、靠柱；不能一肩高、一肩低；两脚间距不能大于肩宽；

(3)站立与人交谈时，要面向对方站立，保持一定距离，太远或过近都是不礼貌的；

(4)站立时，可根据说话的内容做一些手势，但不能太多太大，以免显得粗鲁；

(5)在正式场合站立时，不要将双手插入裤袋、插在腰间或交叉在胸前，更不能做一些诸如摆弄打火机、香烟盒、玩弄衣带、发辫、咬手指甲等小动作，这样做会让人觉得你过于拘谨或是缺乏自信。

二、优雅的坐姿

俗话说，“坐如钟”，舒适自然、端庄优美的坐姿，会给人以文雅、稳重、大方的美感。坐也是一种静态造型，是非常重要的举止仪态。

(一)坐姿的基本要领

1. 入座时，动作要轻盈和缓，自然从容。落座要轻，不能猛地坐下，发出响声。

2. 上半身要自然挺直，双肩正平，两手放在两腿或扶手上。

3. 双膝自然并拢(男士可略分开)，小腿垂直地落于地面，两脚自然分开成45度。

4. 双目平视，嘴唇微闭，略收下颌。

5. 起座要端庄稳重，站起时，右脚向后收半步，轻轻站起来。

6. 坐在椅子上时，不要前俯后仰，把腿架在椅子或沙发扶手和茶几上；与人谈话时，勿将上身往前倾或以手支撑着下巴；如沙发椅较为宽大，不要坐得太靠里面。

(二)男士的坐姿

1. 前伸式：在标准坐姿的基础上，两小腿前伸一脚的长度，左脚向前半脚，脚尖不要翘起。

2. 重叠式：右腿叠在左腿膝上部，右小腿内收、贴向左腿，脚尖自然地向下垂。

3. 前交叉式：小腿前伸，两脚踝部交叉。

4. 屈直式：左小腿回屈，前脚掌着地，右脚前伸，双膝并拢。

(三)女士的坐姿

女士如果穿的是裙装，不能露出衬裙，在落座时要用双手在后边从上往下把裙子拢一下，以防坐出褶皱或因裙子打褶被坐住，而使腿部裸露过多。坐下后，上身挺直，双肩平正，两臂自然弯曲，两手交叉叠放在两腿中部，并靠近小腹。两膝并拢，小腿垂直于地面，两脚保持小丁字步。

1. 前交叉式：在标准坐姿的基础上，两小腿向前伸出两脚并拢，然后右脚后缩，与左脚交叉，两踝关节重叠，脚尖不要翘。

2. 重叠式：在标准式坐姿的基础上，两腿向前，一条腿提起，腿窝落在另一腿的膝关节上边。要注意上边的腿向里收，贴住另一腿，脚尖向下。

3. 后点式：两小腿后屈，脚尖着地，双膝并拢。

4. 侧点式：两小腿向左斜出，两膝并拢，右脚跟靠拢左脚内侧，右脚掌着地，左脚尖着地，头和身躯向左斜。注意大腿小腿要成90度，小腿要充分伸直，尽量显示小腿长度。

5. 侧挂式：在侧点式基础上，左小腿后屈，脚绷直，脚掌内侧着地，右脚提起，用脚面贴住左踝，膝和小腿并拢，上身右转。

三、稳健的走姿

“挺胸立腰双臂摆，提髋提膝小腿迈，跟落掌接趾推送，步幅适当一线踩，两眼平视肩放松，自然协调有神采。”这是对行走姿势比较形象的描述。行走也是人们在社会交往中的一种重要的举止，因为人行走总比站立的时候多，而且一般又都是在公共场所进行的，人与人相互间自然地构成了审美对象。优雅、轻盈、敏捷、矫健的走姿，会让人觉得精神抖擞或庄重优雅，给人以美的享受。行走时，每个人都是一个流动的造型体，创造的都是一种动态美。

（一）规范的走姿

1. 头正。两眼平视前方，嘴唇微闭，微收下颌，表情自然平和，面带微笑。

2. 肩平。两肩平稳，防止上下前后摇摆。双臂前后自然摆动，两手自然弯曲，在摆动中离开双腿不超过一拳的距离。

3. 躯挺。收腹，挺胸，立腰，提臀，重心稍前倾。

4. 步位直。两脚尖略开，脚跟先着地，两脚内侧落地，女士着裙装时，两脚走出的轨迹要在一条直线上；男士着裤装时，两脚走出的轨迹可以是两条平行线。

5. 步幅适当。行走中两脚落地的距离大约为一个脚长，即前脚的脚跟离后脚的脚尖相距一个脚的长度为宜。

6. 步速平稳。行进的速度应当保持均匀、平稳，不要忽快忽慢。

7. 行走时要防止“外八字”或“内八字”；不要低头驼背，摇晃肩膀，双臂大甩手；不要扭腰摆臀，左顾右盼；脚不要擦地面；多人一起行走时，不要排成横队，不勾肩搭背；遇急事可加快步伐，但不可慌张奔跑。

(二)其他行走时的姿势

1. 引路时：引导时要尽可能走在宾客左侧前方，整个身体半转向宾客方向，保持两步左右的距离，遇到上下楼梯、转弯、进门时，要伸出左手示意，并提示请客人上楼、转弯、进门等。

2. 后退时：与人告别时，应当先后退两三步，再转身离去，退步时脚轻擦地面，步幅要小，先转身后转头。

3. 上下楼梯时：上下楼梯均从右边单线行走，避免互相撞到；多人同时上下楼时不要交谈，更不能排成一排。

4. 通过走廊时：通过走廊时应尽量单排靠右行走，碰到对面有人过来时，可放慢脚步，面朝墙壁，给别人流出足够的空间。

5. 进出电梯时：在电梯里不要大声喧哗；进出电梯时应

做到先出后进，先进的人尽量往里走，不要堵在电梯门口。

四、得体的蹲姿

蹲姿不像站姿、走姿、坐姿那样使用频繁，因而往往被人所忽视。一件东西掉在地上，一般人都会很随便弯下腰，把东西捡起来。但这种姿势会使臀部后撅，上身前倒，显得非常不雅。特别是对女士而言，常常会一不小心走了光。得体的蹲姿是：左脚在前右脚在后向下蹲去，左小腿垂直于地面，前脚掌着地，大腿靠紧，右脚跟提起，前脚掌着地，左膝高于右膝，臀部向下，上身稍向前倾。以左脚为支撑身体的主要支点。男士也可以这样做，不过两腿不用靠紧，可以有一定的距离。

五、优雅的手势

手势也是人们常用的一种肢体语言，它可以加重语气，增强感染力。大方、恰当的手势可以给人以肯定、明确的印象和优美文雅的美感。

（一）规范的手势

规范的手势应当是手掌自然伸直，掌心向内向上，手指并拢，拇指自然稍稍分开，手腕伸直，使手与小臂成一直线，肘关节自然弯曲，大小臂的弯曲以140度为宜。

在出手势时，要讲究柔美、流畅，做到欲上先下、欲左先右，避免僵硬死板、缺乏韵味，同时配合眼神、表情和其他姿态，使手势更显协调大方。

例如在表示“请”、“请进”时，正确的作法是五指并拢，手掌自然伸直，手心向上，肘微弯曲，腕低于肘。开始做手势应从腹部之前抬起，以肘为轴轻缓地向一旁摆出，到腰部并与身体正面成45度时停止。头部和上身微向伸出手的一侧倾斜，另一手下垂或背在背后，目视宾客，面带微笑，表现出对宾客的尊重、欢迎。

（二）国际交往中的手势

在国际交往中，手势是一种交流符号，具有十分重要的意义。了解和熟悉某些常见的手势，有助于更准确地相互理解和交流。否则就容易产生误解。

例如：某些中国人爱以食指指点着别人说话，这往往会引起欧美人士的极大反感，因为在欧美这是不礼貌的责骂人的动作。“到这边来”的手势用的很多，中国人习惯手臂前伸，手心向下，弯动手指，示意“过来”，而在欧美，这一动作却是招呼动物的表示，他们招呼人时，是将手掌向上伸开，伸曲手指数次。在中国，这一动作又被误解为招呼幼儿或动物。竖起大拇指表示“好”和“行了”，通行于世界多数国家，而在澳大利亚，这个手势是粗野的表示。在希腊和尼日利亚人面前摆手是对他的极大侮辱，手离对方越近侮辱性就越大。美国人手指弯曲，手心向前，拇指与食指弯曲合成圆圈，表示“OK”，在日本和中国却表示钱，在拉丁美洲则是低级庸俗的动作。

六、自然的微笑

在某些国际交往中，如果因为语言障碍无法交流，微笑则是迅速达到交流目的的“润滑剂”。微笑就是在脸上露出愉快的表情，是善良、友好、赞美的表示。在绝大多数国际交往场合中，微笑都是礼仪的基础。亲切、温馨的微笑能与不同文化背景的人迅速缩小彼此间的心理距离，创造出交流与沟通的良好氛围。

七、克服不良习惯，改善个人的举止行为

1. 在公众场合，应尽量避免从身体内发出各种异常的声音，咳嗽、打喷嚏、打哈欠等均应侧身掩面为之。

2. 公众场合不得用手抓挠身体的任何部位。文雅起见，最好不要当众抓耳搔腮、挖耳鼻、揉眼、搓泥垢，也不可随意剔牙、修剪指甲、梳理头发。若身体不适非做不可，则应去洗手间完成。

3. 公开露面前，须把衣裤整理好。尤其是出洗手间时，你的样子最好与进去时保持一样，或更好才行，边走边扣扣子、边拉拉链、擦手甩水都是失礼的。

4. 参加正式活动前，不宜吃带有强烈刺激性气味的食物（如葱蒜、韭菜、洋葱等），以免因口腔异味而引起交往对象的不悦甚至反感。

5. 在公众场合，高声谈笑大呼小叫是一种极不文明的行为。在人群集中的地方特别要求交谈者加倍地低声细语，声音的大小以不引起他人的注意为宜。

6. 对陌生人不要盯视或评头论足。当他人作私人谈话时，不可接近。他人需要自己帮助时，要尽力而为。见别人有不幸之事，不可有嘲笑、起哄之举动。自己的行动妨碍了他人应致歉，得到别人的帮助应立即道谢。

7. 在人来人往的公众场合最好不要吃东西，更不要出于友好而逼着在场的人非尝一尝你吃的东西不可。爱吃零食者，

在公共场所为了维护自己的美好形象，一定要有所克制。

8．感冒或其他传染病患者应避免参加各种公众场合的活动，以免将病毒传染给他人，影响他人的身体健康。

9．对一切公众场合的规则都应无条件地遵守与服从，这是最起码的公德观念。不随地吐痰，不随手乱扔烟头及其他废物。非吐非扔不可，那就必须等找到污物桶后再做。乘电梯、走楼道的时候靠右行走。乘车时主动给老弱妇孺让座。购物、办事时按序排队。

10．在公众场合，不要趴在或坐在桌上，也不要在他人面前躺在沙发里。走路脚步要放轻，不要走得咯咯作响，遇到急事时，不要慌张奔跑。

思考题

1．穿西服有哪些讲究？

2．使用香水有哪些禁忌？

3．怎样做到举止得当？

附形象礼仪故事一则

美与善的化身

——著名记者侯波眼中的宋庆龄

首次见到宋庆龄，给我的印象是美丽、高贵、优雅。她像高山白雪，令人观止。住到一起，我深切地感受到的又是端庄、宁静、温柔、睿智、贤惠。她是美与善的化身，每一个动作都十分自然，无论是一瞥目光、一个微笑，还是一声轻唤，都充满了美的魅力，令人陶醉，使人着迷。难怪有人说，她只要往那一站，就为中国人争了光……但是她决不孤傲。进餐时，她礼貌、优雅，很讲卫生，搞分餐制；她将甜饼子夹到卫士面前的碟子里，然后给翻译等人员都夹了甜饼子，自己才坐下来吃饭。

第二章　公共礼仪

公园、商店、图书馆、博物馆、体育场等场所，是供各种社会成员进行多种活动的公共场所。人们在公园里漫步，在商店里购物，在图书馆查阅资料，在博物馆欣赏文物，在体育场锻炼身体或观看比赛等。人们在公共场所活动时，应自觉遵守社会公德，讲究公共场所礼仪，以便共同维护公共生活秩序。

公共汽车、出租车、火车、地铁、轮船、飞机等，是为大众服务的公共交通工具。而公共汽车、火车的车厢与轮船的船舱、飞机的机舱等，也是为公众服务的公共场所。每位乘客都应当讲究公共礼仪，共同营造舒适、祥和的氛围。

第一节　日常礼仪

一、购物礼仪

为了满足日常生活的需要，到商场，去超市或小卖店购物，已成为人们现实生活中的重要环节。绝大多数人都有进商店购物的经历。购物似乎不难，就是掏钱买东西。但是，即使是掏钱买东西，也会产生两种不同的效果。讲文明、懂礼貌的顾客到商店购物，会获得购物的满足和愉快；而缺乏购物礼仪的顾客购物后，常会感到心情不舒畅。因此，在简单的购物过程中，我们也应当讲究购物礼仪。作为一名文明顾客，购物时要注意以下礼节：

进入商店后应讲究文明礼貌，不要在商场里大声喧哗，或旁若无人的高声谈笑，顾客不要在商场里吸烟、随地吐痰、乱扔糖纸、果皮等。顾客要自觉维护商店的公共卫生，爱护商店的公共设施。

顾客在购物之前，最好先想好自己所需要购买的物品，并将不同品牌的同类商品仔细观察比较后，再购买。

顾客在商店购物，应使用礼貌用语称呼营业员。可根据对方的性别、年龄不同使用不同的称呼，如对男营业员称“先生”，对年轻的女营业员称“小姐”，对年龄稍大的女营业员可称“师傅”，对男、女营业员均可统称“同志”。不要以“喂”代替礼貌称呼，也不要隔着柜台伸手拉扯正忙着为其他顾客服务的营业员，或用手敲击柜台，这些动作都是失礼的表现。

顾客在选购商品时要细心，但不要过分挑剔。营业员不太忙时，也可请营业员帮忙参谋。

在自选商场购物时，要爱护商品，对自己挑选的商品如果不中意，应当物归原处，不要随便乱放，对易碎商品则应轻拿轻放。万一不慎将商品损坏，应主动赔偿，或把被自己损坏的商品买下来。对尚未付款的商品不要随便拆开包装。

顾客购物时，应做到钱货两清。付款时，不要一窝蜂地拥挤在柜台前，应自觉地依序排队等候。对于营业员在取商品或找零钱时发生的差错，应及时指出，并谅解对方。顾客付款后，返回柜台取货时不妨再核对一下商品。顾客采购完毕离开柜台时，应对营业员的优质服务表示谢意。

二、进餐礼仪

常言道："民以食为天"。吃饭是第一件大事。随着人们生活水平的提高和思想观念的转变，进餐馆就餐的人逐渐多起来。不少工薪阶层人士下班后去经济实惠的饭馆吃顿价廉物美的中饭，快捷又方便。一些高消费者则去豪华气派的酒店进餐，在品尝美味的同时开展社交、商务活动。有些人选择在饭店或酒店聚会、祝寿或宴请宾客等，以利于交谈和增进友谊。近些年，逢年过节，城市里的有些家庭开始选择在餐馆或饭店聚餐，特别是不少家庭也一改往年在家中吃大年三十团圆饭的习惯，纷纷提前到饭店、酒店订座、包席，大年三十晚上全家人高高兴兴、热热闹闹地聚一餐。作为一名文明食客，不仅要有良好的卫生习惯，更要注意行为举止的文雅有礼，在餐馆进餐时，应了解和讲究进餐礼仪。现择要简介如下：

（一）独自进餐礼仪

客人进入餐馆后，如果是用餐高峰，餐厅已没有空位。当看到有人坐的餐桌尚有空位时，可有礼貌地上前询问在座者，能否占用空着的座位，得到首肯后，向在座者点头致意后即可落座；相互之间不必作自我介绍。在等待饭菜时，不要东张西望或大声敦促服务员，也不要坐在餐桌前用筷子敲打餐具。

男士独自到餐馆用餐，应避免挨着独坐一桌的陌生女士坐。若一位女士要求与男士同桌就餐，出于礼貌，男士不应拒绝，但用餐时不要主动与女士攀谈。

客人在餐馆点菜时，应量力而行，不要点过多的饭菜，以免造成浪费。用餐时，动作应文雅，要细嚼慢咽，避免发出太大的响声。注意不要随地吐痰、擤鼻涕，以免影响其他进餐者的食欲。

选择吃自助餐的用餐者取食物时，应使用公筷、公勺。一次不宜取太多的食物，可先取少量食物品尝后再取，避免浪费食物。

（二）集体进餐礼仪

应邀做客时，应按时到达约定的地点。先进餐室者要主动把较好的位置留给随后到达的朋友。若是主宾，则不必过分谦让，可听从主人的安排，客随主便。

服务员送上菜单后，主人请主宾点菜，主宾可让女宾点菜，或自己点一二样菜，然后请主人或在座的其他客人点，亦可征求服务员的意见。做客点菜，要考虑主人的经济实力，通常以适中为宜。不要光点高档菜，让主人为难；也不要只点低档菜，使主人难堪。

客人用餐时，动作要优雅，切勿狼吞虎咽。夹菜时动作要轻，要注意避开别人的筷锋，以免筷子碰筷子。上桌的饭菜若不在忌口之列，都应尝一尝。

客人在用餐时万一吃到砂子或异物，不要将食物吐到桌子上，最好悄然起身去洗手间处理，回来也不必声张。当然，也可以把服务员请来，平心静气地指出饭菜中的质量问题，而不要出言不逊，大吵大闹。

饭后应让主宾和女宾率先告辞，其他客人随后和主人话别。

三、住宿礼仪

古人云：“在家千般好，出门时时难。”尽管时代的列车已驶入21世纪，但人们出门在外，依然觉得不如在家里方便、安全。但由于多种原因，人们还是需要出远门，或由于工作关系，去外地出公差；或由于研究项目的需要，去外省查资料；或为了开阔视野，外出旅游……一些外出者有时可借宿在亲朋好友家，在夏天甚至可以风餐露宿。但绝大多数外出者通常还是投宿在旅馆、酒店、招待所。

旅客住店希望旅馆清洁、舒适、安全，而旅馆则希望旅客讲文明、守规矩。其实，只要双方一起努力，就能达到共同的心愿——旅客"出门时时安"。为此，作为一名文明旅客，应自觉遵守下列住宿礼仪：

旅客住店需要办理住宿手续，在走近旅馆服务台时，应先有礼貌地向服务台工作人员打个招呼，然后再询问贵店是否还有客房或床位。若被告知已经客满时，应大方地向服务人员道别，再找其他旅馆。

旅客在办理住宿登记手续时，应耐心地回答服务台工作人员的询问，并按旅馆的规章制度办理登记手续，住房要服从服务台的安排，有事多协商。

旅客住进客房后应讲究卫生，不要到处乱扔果皮、纸屑，应将废弃物扔进纸篓。也不要在墙壁上乱涂乱画；应爱护房内设备，不要随便移动电视机的位置。

当旅馆服务员进房间送开水时，旅客应待之以礼。当服务员进来做清洁时，旅客不妨先到室外转一转，等服务员忙完再回房间。

旅馆是公众休息的场所，旅客在旅馆中住宿应保持安静，不要大声喧哗或长时间打电话，也不要将电视机的音量调得太大，以免影响他人休息。

作为旅客，应自觉遵守旅馆的规章制度，不要出入无常或玩到深更半夜才回旅馆。若和其他旅客同住一室，应以礼相待，互相关照。晚上就寝不要太晚，以免影响室友休息。

旅客离开旅馆前，应及时到服务台结账，并同旅馆工作人员话别。

第二节　公共场所礼仪

影剧院、图书馆、博物馆、体育场、公园等公共场所，是供各种社会成员进行活动的公共活动空间。在公共场所不仅要积极维护和发扬尊老爱幼的传统美德，还应当自觉遵守公共场所礼仪规范。

在公共场合，注意不要随地吐痰，不要当着别人的面甩鼻涕、搔头发、掏耳屎、打哈欠、剔牙齿。咳嗽、打喷嚏时应捂住口鼻，面向一旁，尽量不要发出太大的声音。

吸烟有害健康，在公共场合最好不要吸烟，以免影响他人。即使吸烟，也应将吸剩的烟头放进烟灰缸，而不要乱扔。在公共场所活动时，讲究公共场所礼仪，行为举止得当，才能受人欢迎和尊敬，反之，则会令人侧目和讨厌。

一、在影剧院

电影院、剧院是比较高雅的文化场所，观众的仪态举止应当与其氛围相协调。

虽然电视机已经走进千家万户，到电影院看电影的观众少了，但仍有不少人喜欢到电影院看电影，特别是年青人，利用闲暇时间和朋友看一场电影，觉得是一件十分惬意的事。作为观众，在影剧院看电影或看歌舞剧，或听歌剧等都应讲究礼仪。去电影院看电影时应衣着整洁，上剧院观看演出，着装应庄重得体，夏天不能穿背心、拖鞋入场。严禁在场内吸烟。

观众去影剧院看电影或观看演出时，应尽量提前或准时入场。在入口处主动出示票证，请工作人员检验，入场后对号入座。若到达较迟，其他观众已坐好，自己的座位在里面，这时应有礼貌地请别人给自己让道。从别人面前经过时，应面向让道者一边道谢，一边朝前走，而不要背对着人家走过去。

从礼仪的角度出发，去剧场观看演出，迟到者应自觉站在剧场后面，只能在幕间入场，或等到台上表演告一段落时赶紧悄然入座。

到剧场观看演出，落座后，戴帽者应摘下帽子。坐下后不要将椅子两边的扶手都占据了，要照顾到“左邻右舍”。观看演出时，不要摇头晃脑、手舞足蹈或交头接耳，以免妨碍后面观众的视线。也不要在场内高谈阔论，以免影响周围观众。观看演出时，切忌起哄、吹口哨、怪声尖叫。爱吃零食的观众要自我约束，不吃带壳的食物，不吃带响声的食物。

在剧院观看演出时，要有礼貌地适时鼓掌，以表达对演员、指挥的尊敬、钦佩和谢意。鼓掌要掌握好时机，例如当受欢迎的演员首次出台亮相时应鼓掌；观看芭蕾舞，乐队指挥进场时鼓掌；演奏会上指挥登上指挥席时应鼓掌，一个个高难的杂技动作完成时应鼓掌，一首动听的歌曲演唱完毕时应鼓掌，演出告一段落时应鼓掌，演出全部结束时应起立热烈鼓掌。

观众在观看演出时，鼓掌若不得当，就会产生副作用。比如演员的台词还没说完，交响乐的一个乐章尚未结束时就贸然鼓掌，不仅影响演出，而且大煞风景。

在剧院看演出，不宜中途退场。如果临时有急事或确实不喜欢看，应在幕间休息或一个节目结束时离场。

观看演出应善始善终。演出结束时，有教养的观众不要匆忙离场，应等演员谢幕或主宾在主人陪同下登台向演员致谢后，再秩序井然地离场。

二、在图书馆

图书馆不仅是人类智慧的宝库，也是读者学习和交流知识、获取信息的场所。读者在图书馆学习应衣着整洁，不能穿背心、拖鞋进图书馆，读者在获取知识的同时，要自觉遵守图书馆的规章制度，保持环境安静和清洁卫生，读者进入图书馆阅览室后，应自觉关闭手机。在图书馆严禁吸烟。

读者在图书馆学习要讲文明，讲礼貌，不要抢占座位，为自己或他人划地盘。图书馆是公共学习场所，有空位人皆可坐，但欲坐在别人旁边的空位时，应有礼貌地询问其旁边是否有人。读者不应在图书馆占座位后长时间扒在桌上睡觉，而影响他人学习。

在图书馆借还图书，进行微机检索、课题查询，复印资料，或在语音室听录音，在收视室看录像等，要按序排队。在图书馆，特别是在阅览室，走路要轻，最好不要穿钉了铁掌的皮鞋。入座和起座要轻，.翻书也要轻。与学友交谈时，应轻声细语。若需长时间讨论，最好到室外交谈。

读者应自觉维护图书馆的环境，爱护馆内的公共设施，保持室内卫生，不随地吐痰，不乱扔废弃物品。

读者在图书馆阅览时，应自觉爱护图书馆的公共设施和图书报刊。阅览时不在图书、报刊上涂画或在图书、报刊上开“天窗”。在大学图书馆工作的图书馆员绝大多数都是各学科毕业的本科生、研究生。读者在查阅资料时，若遇到自己解决不了的问题，可以有礼貌地向图书馆咨询人员请教。

读者借阅图书时，必须使用本人的借书证，对工作人员应彬彬有礼。

在图书馆借阅的书刊一定要及时归还或办理续借手续，使用期间应小心爱护，以便到时候“完璧归赵”。如果图书不慎遗失或发生损坏，要主动说明并照章赔偿。

三、在博物馆

博物馆是收藏、展览珍贵物品的场所。博物馆展厅优雅，展品丰富。参观博物馆，可以增长知识，提高欣赏水平。

博物馆多种多样，如军事博物馆侧重陈列军械和军事纪念品，各省市博物馆重点陈列本地文物等，而美术博物馆的展品则以绘画、图片等美术精品为主。

参观博物馆应讲究参观礼仪。

(一)爱护展品

博物馆陈列的展品，大多数具有较高的历史价值或艺术价值，其中一些是国宝和珍贵物品。因此，参观博物馆时一定要爱护展品，做到不抽烟，不随便触摸展品，未经允许不使用闪光灯拍照展品。此外，还应当爱护博物馆内的展台、照明等设施。

（二）文明参观

参观博物馆时应保持安静，不要大声喧哗。听讲解员讲解时要专心，不要出言不逊，妄加评论。参观者应自觉遵守博物馆有关规章制度，不要一边参观一边吃零食。人多时，不要拥挤，而应当按顺序边看边走。不宜在一件展品前长时间驻足，以免影响他人欣赏。

超越他人时要讲礼貌，注意不要从他人面前经过，以免妨碍他人观赏，而应当从其身后走过。如果必须从他人面前经过，则应说："对不起，请让我过一下。"

四、在体育场

体育场是进行体育锻炼和体育比赛的场所。在体育场观看体育比赛，应讲究有关礼仪。

去体育场观看比赛，衣着不必太讲究，但要整洁、大方。人多时，应自觉排队购票，按时入场。倘若姗姗来迟，入座时会影响别人观看比赛。入场后应尽快找到看台座位坐下来。

观看体育比赛时，希望自己喜欢的运动队获胜是人之常情，也是可以理解的。但是，作为一名文明观众，应尽量克制在感情上一边倒的倾向，要为双方队员鼓掌加油，为每位运动员的出色表现喝彩。不要只当一方的啦啦队员，而对另一方喝倒彩或故意起哄。

"人有失手，马有失蹄。"作为一名观众，对运动员在竞技比赛中发挥的失常、失误要给予谅解，而不要发出嘘声、怪声或讥笑声。应尊重运动员、裁判员、服务人员的劳动，不嘲讽、辱骂裁判员、运动员。

作为一名文明观众，要自觉维护体育场内的卫生，不随地吐痰，不乱扔果皮、瓜子壳等废弃物，不要乱踩座位，不可翻越栏杆，不能在室内体育馆吸烟。

比赛结束后，散场时应按秩序退场，不要拥挤，遇到老弱病残者应主动礼让。

五、在健身房

健身房是供人们锻炼身体的场所。在公共健身房活动，要讲究以下礼仪。

互相关照：公共健身房内配备多项器材，分别用于锻炼身体不同部位的肌肉。有鉴于此，一个人不要长时间霸占某一项器材，以免妨碍他人进行全身运动。此外，运动完毕，应将器材归回初始状态，计时计数归零。

保持器材干净：在锻炼时汗水弄湿了器材，应用毛巾等擦干器材。

保持安静：健身房是运动场所，应避免高声谈笑或大声喧哗。

致意：离开健身房前，应向指导教练致意，感谢他(她)的指导与陪伴。

六、在游泳池

游泳池是人们健身和消暑的好地方。在游泳池游泳，要讲究以下礼仪。

保持池水清洁：入池前，先冲个澡，把身上的汗水、灰尘等洗干净，以免污染了清洁的池水。

为他人着想：在公共游泳池游泳时，最好按照一定的路线前进，不要突然急转弯，以免碰到他人。

注意安全：在游泳池嬉戏，要注意安全，尽可能避免出现呛水或身体碰撞等情况。

七、在公园里

公园是人们休息、娱乐的公共场所。无论春夏秋冬，许多离退休老人清晨来到公园，进行活动和早锻炼。白天，游园者来到公园观光赏景。黄昏时分，忙累了一天的职员们在公园的草径上漫步，藉此消除精神疲劳。夜幕降临，一对对正处于热恋之中的情侣相会在公园的花前椅上，倾吐衷肠。每逢周末或节假日，一些家庭倾巢出动，去公园尽情享受和体会大自然的美。不少学生周末或节假日也来到公园僻静处看书学习。公园更是少年儿童的乐园。

人人都爱美，热爱美丽的大自然，都喜欢在空气清新、景色迷人的公园里休息、娱乐或举办活动等。因此，也都有责任和义务爱护公园，并讲究游园礼仪。

每位在公园里活动和游玩的游客，都应当自觉保持公园的卫生和宁静。在公园内不要乱扔果皮、纸屑、饮料瓶罐，也不要高声喧哗、嬉笑打闹。利用双休日在公园游玩、野餐的年青人和家庭，不要忘了将废弃物收拾干净。

游客还应自觉遵守公园的规章制度，爱护公园的花草树木和娱乐设施，不能攀树折枝、掐花摘果、践踏草坪，也不要在文物古迹上刻画、书写自己的名字。要知道，人靠建功立业名垂青史，而到处涂抹自己的名字，只会在其他游园者心目中留下不好的印象。

游客在公园里游玩和活动，同样要讲风格，讲礼让，讲互助。白天，游客不要躺在公园的长椅上睡觉；夜晚，不要打扰人家谈情说爱。在景点拍照时，若需要请别人帮忙，应礼貌地说出来，请别人帮忙拍照后，别忘了道声谢。

不少公园里配备有儿童游乐设施，例如，小滑梯、小转马、小秋千等，这是专供孩子们玩的。成年人可以在旁边兴致勃勃地观看孩子们玩耍，但不要抢占为儿童专设的游乐设施。例如，公园专门为孩子们备的专用小秋千，有些成年人却坐在上面长时间不下来，让儿童们排着长队，眼巴巴地等待着。殊不知，这样做不仅伤了孩子们的心，而且还容易损坏这些儿童专用设施。

八、在洗手间

洗手间是每个人都要使用的场所之一，是否了解和讲究洗手间礼仪，可以从一个侧面反映一个人的文明素质。

（一）洗手间的标志

国际上最通用的洗手间标志是“W. C.”。另外，常用的标志还有：Toilet（盥洗室），Lavatory（厕所），Wash Room（洗手间），Rest Room（休息室），Bath Room（浴室）和 Comfort Station（休息室）。男洗手间的标志有：Men's Room，Gentlemen，Gent's，Men 等。女洗手间的标志有：Ladies' Room ，Women，Powder Room（化妆室）等。

洗手间除文字外，还有图画标识。男女洗手间通常以男人和女人的头像分别作标志。此外，女洗手间的标志还有裙子、皮包、丝巾、高跟鞋、女士头像等；男洗手间的标志还有帽子、烟斗、长裤、领带、男士头像等。以颜色区别的话，红色为女洗手间，蓝色为男洗手间。

（二）洗手间的使用

在火车、飞机和轮船上，洗手间是男女共用的。使用前应先看清门上显示的是有人还是没人，不要贸然进去。

出入洗手间时不要用力过猛，将门拉得大开或者撞得直响。在洗手间里的时间不应太长，使用洗手间时应自觉保持洗手间的清洁卫生，不应在洗手间里信笔涂鸦。使用洗手间后一定要自动放水及时冲洗，并关好水龙头；纸屑应扔进纸篓；不要在洗手间内乱吐、乱扔其他东西；注意保持洗脸池的清洁，不留脏水和污物。不要随手拿走洗手间里备用的手纸或乱拉乱用。

走出洗手间之前，应把衣饰整理好。不要一边系着裤扣或者整理着衣裙一边往外走，显得很不雅观。

九、在医院里

医院是救死扶伤的地方，也是一个特殊的公共场所。人们去医院看病，要讲究看病礼仪；住院治疗，要遵循住院礼仪；探望病人时，则应注意探望病人礼仪。

（一）看病礼仪

人吃五谷杂粮，免不了生病。去医院看病，要遵守医院规矩，自觉排队挂号。就诊时，应尊重医生，如实回答医生的提问。取药时，也应按先后顺序领取。

（二）住院礼仪

住院治疗的病人要听从医生的安排，积极配合医生治疗疾病。住院期间，应尊重医护人员，遵守病房的作息制度，自觉保持病房的卫生，与其他病友友好相处，互相关照。

（三）探望病人礼仪

去医院探望病人时，要讲究下列礼仪：

1. 选择恰当的时间。

探望病人要选好时间，应在医院允许的探视时间里进行。注意不要在病人刚住进医院或刚作完手术便去探望，以免影响病人的治疗和休息，通常在下午4点左右去医院探望病人比较适宜。

2. 携带合适的礼品。

探望病人时，可根据病人所患疾病及其病情，携带合适的礼品。如一束香味淡雅的鲜花、一本优美的小说或一些适合病人食用的水果、营养品等。

3. 讲些安慰的话语。

探病者去医院探望病人时，表情宜轻松、自然、乐观，神态不要过于沉重，更不要在病人面前落泪，以免给病人造成精神压力。与病人交谈时应轻声细语，说些宽慰与鼓励的话，使病人增加战胜疾病的勇气。探病者在病房逗留时间不可太长，一般以10分钟左右为宜。

第三节　交通礼仪

一、乘公共汽车礼仪

公共汽车是城市居民最常用的交通工具。平时上下班，双休日上街购物，通常都乘坐票价便宜的公共汽车。乘公共汽车，应讲究以下礼仪：

（一）自觉排队

乘客乘坐公共汽车应自觉排队，依序上车。在中间站，车靠站后，乘客要先下后上，或从前门上后门下。应主动让老弱病残、妇女儿童先上。上了车的乘客应酌情向车厢内移动，不要堵在车门口，以免妨碍后面的乘客上车。

（二）自动购票

乘客上车后应自动购票或出示月票。下车前，应自觉地向售票员出示车票、月票。在不少城市，绝大部分公交车为无人售票车，乘坐无人售票车时应自觉刷卡，或将事先准备好的钱币投入箱内。

（三）互谅互让

在车上遇到孕妇、病人、老人和抱孩子的妇女，有座位的年轻乘客应主动让座。当他人给自己让座时，要立即表示感谢。车上人多时，乘客之间难免拥挤和碰撞，大家都应表现出高姿态，互相谅解。乘客还应尊重司机、售票员的劳动。此外，乘客应注意乘车安全，例如，不要在车内打毛衣，不要将雨伞尖指向他人，以免误伤其他乘客。

（四）注意卫生

乘客在车内不要吸烟，要讲究公关卫生，不要随地吐痰、乱扔果皮纸屑。随身携带机器零件或鱼、肉等的乘客，应将所带物品包好，以免弄脏其他乘客的衣服。

二、乘轿车礼仪

随着城市出租车的普及和私家车的增多，轿车已成为人们常用的交通工具。因此，乘客应当了解轿车有关知识，讲究乘车礼仪。

轿车上的座位有尊卑之分。一般说来，车上最尊贵的座位是后排右座，其余座位的尊卑次序依次是：后排左座、后排中座、前排右座。如果是专业司机开车，贵宾坐在后排右座。但是，如果是轿车主人开车，贵宾也可以坐在前排右座（即副驾驶座），以便交谈。

亲友一同乘车时，男士和晚辈应当照顾女士和长辈，请他们先上后下，并且为他们开、关车门。

女士上车时，可面朝车门轻轻坐到座位上，然后双腿并拢进入车内。下车时，最好双脚同时着地，不要一前一后。

乘出租车，若无特殊情况，乘客宜坐在后排。乘客应当尊重出租车司机，一般情况下，不要催促司机加快车速，也不要对司机的驾驶技术说三道四。乘客下车时，应向提供优质服务的司机道谢。

三、乘火车礼仪

乘坐火车，应讲究以下礼仪：

（一）对号入座（卧）

乘坐火车的旅客，应提前到火车站候车，到时排队剪票上车。进车厢后应对号入座（卧），不可占用别人订好的座位（铺位）。

（二）互相关照

旅客上车后，应迅速把携带的物品安放在行李架上，而不要把提箱、包裹等乱放在车厢通道上，以免影响通行。吸烟者不要在车厢内吸烟，可在两节车厢联接处过烟瘾。

旅客之间的寒暄、交谈应掌握好尺度，不要随便打听别人的收入等私事。与人聊天时，不要信口开河或大声讲话。打扑克牌时，不要高声喧哗，以免影响他人休息。

四、乘客轮礼仪

乘坐客轮，应讲究以下礼仪：

（一）遵守规则

乘客上船后，应听从客轮工作人员的安排，到自己的铺位休息，而不要任意挪动铺位。

乘客可在甲板上散步、观景，也可去阅览室读书看报等。但注意不要随便闯入别人的客房，更不要到“旅客止步”之处游逛。“旅客止步”之处，多为船员或工作人员工作或休息的场所。

乘客乘船时还应遵守航行规则。例如，白天不要站在船头或甲板上挥舞衣服或手帕，以免被其他船只误认为打旗语；晚上则不可拿着手电筒乱照，以免被当成灯光信号。

（二）彬彬有礼

乘客应依序排队上船。上船时，男士或年轻者应留意照顾同行的女士和年老者，让他们走在前面。下船时，男士或年轻者可以走在前面，以便帮助同行的女士和年老者下船。

乘客要尊重船员，乘客之间也应以礼相待，友好相处。

五、乘飞机礼仪

乘国内航班应提前半小时到达机场，乘国际航班则需要提前一小时到达机场，以便有足够的时间取登机卡，办理托运行李手续等。

上下飞机时，均有空中小姐和其他机组人员站在机舱门口迎送乘客。乘客进出舱门时，应向热情迎送的机组人员表示感谢或点头致意。

飞机起飞或降落时，颠簸较厉害。为安全起见，乘客看见头顶上方“系好安全带”的信号灯亮时，应迅速系好安全带。

在飞机上使用盥洗室时，动作要迅速，并注意保持其清洁，把用过的纸巾扔进收集脏纸巾的容器内。

乘国际航班，航程较长。在座位上坐久了感觉疲劳时，可以放下座椅靠背仰身休息。放座椅靠背之前，应先看看后面的乘客是否正在饮食，最好等他(她)用餐完毕已不需要座椅后面的托板时，再缓缓放下自己的座椅靠背。

一些飞机的机尾处设有吸烟区。吸烟的乘客取登机卡时，应说明自己是烟民。坐在“禁止吸烟”区的乘客，吸烟前应有礼貌地征得邻座的同意，或起身到机尾处的吸烟区吸烟。当飞机上亮出“请勿吸烟”的信号时，正在吸烟的烟民应迅速把烟熄掉。

思考题

1. 观看舞蹈演出时，何时鼓掌为宜？
2. 乘公共汽车，有哪些礼仪要求？
3. 在游泳池游泳，应注意哪些礼仪要求？

附公共礼仪故事两则

一、为他人着想

一日午时，我在街头坐出租车。上车后，见驾车者是个中年男子，两鬓白发间生。“你是下岗职工吧?”我凭直觉问。“你说对了。”出租车在他的驾驶下，十分平稳。一会儿，出租车拐进了一条略微窄些的街道上，突然，他紧急地踏了一脚制动，完成了一次大幅度的减速。我很是受了一惊，将前倾状的身体恢复后，有些不解和不悦地问：“怎么回事？前面没有什么危险嘛!”他歉疚地连声说道：“对不起，对不起!”他快速地瞥了我一眼，又补充道：“前面50米开外是个建筑工地，看，一群民工正在路边用餐，我怕车速太快，裹挟起的灰尘呛着他们……”出租车慢慢地从民工身旁驶过，我有点不好意思。

二、电车里的礼貌课

在西方社会，“女士优先”是男士们恪守的社交原则，在一些不起眼的小事上谦让和照顾女士，被认为是男子汉气质与绅士风度的表现。因此，在不少西方国家，都有一条不成文的规矩：即女士乘搭公共汽车的时候，同车的男士应主动让座。这种情况下，女士无需推让，只要一声“谢谢”，便可安然入座。

一天，正是上班时的交通高峰时间，一辆搭载了不少乘客的电车，缓缓地停靠在站台上。一位太太登上了电车，她穿着合体的套装，拎着一只小小的漆皮包，在车厢里走了一步，便犹豫地站住了，因为乘客很多，已经没有空座位了。一位先生见状，便客气地站起身对她说："请坐这儿吧。"这位太太走上前，看也没看他一眼，便一声不吭地坐下了。让座的先生颇诧异，周围的乘客也都对她这种不礼貌的行为感到不满。

这位先生站在她的身边，想了一下，俯下身问她："太太，您刚才说什么？我没有听清楚。"那位太太抬头看看他，奇怪地说："我什么也没有说呀。""喔，对不起，太太。"那位先生淡淡地说："我还以为您在说'谢谢'呢。"

车里的其他乘客都笑了起来，那位不讲礼貌的太太在众人的笑声中羞得满脸通红。

第三章 见面礼仪

现代社会是一个信息开放的社会。随着社会的发展，人与人之间的交往日趋频繁、密切。充满朝气、志向远大的青年，再也不愿意自我封闭，“两耳不闻窗外事，一心只读圣贤书”。他们既要读好书，同时也需要了解社会，参加社交活动。

涉世不深的青年朋友希望顺利地步入社交圈，开拓一片新天地。这就需要了解见面礼仪等基本的社交礼仪，以便尽快在社交活动中取得成功。

第一节 握 手

一、握手的由来

握手，是人类在长期交往中逐渐形成的一种重要礼节，最早可以追溯到“刀耕火种”的原始时代。那时，人们以木棒或石块为武器，进行狩猎或战争。狩猎中遇到不属于本部落的陌生人，或敌对双方准备和解时，双方就要放下手中的武器，伸出手掌，让对方摸一下手心，以示友好。这种习惯后来演变成现代握手礼。

二、握手的顺序

在社交场合中，握手作为一种礼节，有一定的讲究。握手的顺序根据握手人的社会地位、年龄、性别和身份来确定。上下级握手，下级要等上级先伸出手；长幼握手，年轻者要等年长者先伸出手；男女握手，男士等女士伸出手后，方可伸手握之；宾主握手，主人应向客人先伸出手，而不论对方是男是女。总而言之，社会地位高者、年长者、女士、主人享有握手的主动权。朋友、平辈见面，先伸出手者则表现出更有礼貌。

三、握手的规矩

握手作为见面时的一种礼节，有约定俗成的规矩和要求。戴手套的男士握手前应脱下手套，放好或拿在左手上，再和人握手。

多人同时握手时，注意不要交叉握手，不可左手右手同时与两个人相握，也不宜隔着中间的人握手。不妨等别人先握手，然后再伸手。在来者较多的聚会场所，可只与主人和熟人握握手，向其他人点头致意就行了。

除特殊情况外，通常应站着握手，而不要坐着握手；握手宜用右手。其次，握手力度的大小和握手时间的长短，往往表明对对方的热情程度。一般情况下，握手用力要适当，时间2秒钟左右即可。久别重逢的朋友握手，时间可长一点，力度可大一点，还可上下摇动，但也不必太使劲，以免把友人的手握疼。过分热情，效果会适得其反。

男士和女士握手时，女士只需要轻轻地伸出手掌；男士稍稍握一下女士的手指部分即可，不要使用双手握女士的一只手，也不要握得太紧，更不要握得太久。

第二节 介 绍

介绍是人们在社交场合中相互认识的基本方式。介绍，在素不相识的人与人之间起桥梁和沟通的作用。

一、介绍的类型

在社交活动中，介绍的形式是多种多样的，主要有以下四种类型：

(1)按照社交场合的正式与否区分，有正式介绍和非正式介绍。正式介绍是指在较为正规的场合进行的介绍，而非正式介绍是指一般非正规场合中进行的介绍。非正式介绍可不必过于拘泥礼节。

(2)按照介绍者的位置区分，有自我介绍、他人介绍和为他人介绍。

(3)按照被介绍者的人数区分，有集体介绍和个别介绍。

(4)按照被介绍者的身份、地位区分，有重点介绍和一般介绍。如对于要人和贵宾，可作重点介绍。

二、介绍的方法

在社交场合中使用较多的介绍方法有两种：为他人作介绍和自我介绍。

（一）为他人作介绍

在社交场所为他人作介绍，通常是介绍不相识的人相互认识，或者把一个人引见给其他人。介绍人要注意以下礼仪：

1．掌握介绍的顺序。

在社交场合，介绍两个人相互认识的时候，要坚持受到特别尊重的一方有了解对方的优先权的原则，即：

（1）先把男士介绍给女士；

（2）先把年轻者介绍给年长者；

（3）先把客人介绍给主人；

（4）先把未婚者介绍给已婚者；

（5）先把职位低者介绍给职位高者。

在介绍过程中，先称呼女士、年长者、主人、已婚者、职位高者。例如，先把职位低者介绍给职位高者时，可以这样说："张总，这是王秘书。"然后介绍说："王秘书，这位是张力总经理。"

当被介绍人是同性别或年龄相仿或一时难以辨别其身份、地位时，可以先把与自己关系较熟的一方介绍给自己较为生疏的一方。例如："刘方，这是我的同学黎平。"然后说："黎平，这位是刘方。"

2．讲究介绍的礼仪。

在社交活动中，为他人作介绍时，态度要热情友好，不要厚此薄彼。不可以详细介绍一方，粗略介绍另一方。介绍前，应先向双方打招呼，使其有思想准备。介绍时，语言应清晰、准确。此外，手势动作应文雅，无论介绍男士还是女士，都应手心朝上，四指并拢，拇指张开，朝向被介绍的一方，切忌用手指指来指去。

这里顺便指出，作为被介绍者，在被介绍给他人时，一般都应面向对方，并做出礼貌反应。例如说，“幸会”，“久仰”，“认识您非常高兴”等。

（二）自我介绍

在社交活动中，有时需要作自我介绍。例如，由于某种原因，主人对互不相识的客人未作介绍，这时自己可以进行自我介绍。再如，为了结交某位知名人士，自己也可以主动进行自我介绍。自我介绍是社交的一把钥匙，务必运用好。

1. 注意介绍内容的繁简。

在一般社交场合，自我介绍主要介绍自己的姓名、工作单位、身份。例如：“我是某某，在某某单位或地方工作。”如果与新结识的朋友谈得很投机，双方都愿意更多地了解对方，介绍的内容还可适当增加，例如自己的籍贯、母校、经历等。自我介绍应当实事求是，态度真诚，既不要自吹自擂，夸夸其谈，也不要自我贬低，过分谦虚。恰如其分地介绍自己，才会给人留下诚恳、可以信任的印象。

在某些场合，自我介绍的内容还可以更加丰富，表达更加生动。现转引报刊上介绍的三个实例，供参考。

（1）从介绍自己姓名的含义入手。例如某单位分来了一位刚毕业的大学生，在所在科室的欢迎会上，他这样进行自我介绍：“我姓苏，苏东坡的苏；名杰，杰出人才的杰。自古以来，姓苏的人才辈出，因此父母也希望我成为一个杰出人才。不过，我刚毕业，事业刚刚开始，但我相信在同志们的帮助下，成功之路就在自己的脚下。”借自我介绍之机，恰当地表露自己的谦虚和抱负，不失为聪明之举。

(2)从自己所属生肖入手。如在一次礼仪先生、小姐比赛中，一位小姐这样自我介绍："我的生肖第一，属老鼠，我去年进入信宜宾馆工作，今天是我参加工作以来的第一个'五一节'，我也是第一次参加如此大规模的比赛，但愿这么多的'第一'会给我带来好运。谢谢大家。"参赛者的这种介绍，较恰当地引出了自己的年龄、职业，表达参赛信心，给人留下了深刻印象。

(3)从自己的职业特征入手。一位公关先生在上述比赛中这样自我介绍："我叫张伟，在上海宾馆公关部工作，也许有的人心目中认为公关工作都是一些漂亮小姐担任的，一个男子怎么从事公关工作呢？其实这是一种误解，公关是塑造形象和协调工作的科学，只要具有公关知识和素养，男子也同样能从事公关工作。今后希望各位在工作中多多关照。"一番话，使人了解了公关工作，理解了公关先生。

2．讲究自我介绍的艺术。

自我介绍要寻找适当的机会。当对方正与人亲切交谈时，此时不宜走上前去进行自我介绍，以免打断别人的谈话。而当对方一个人独处或者与人闲谈时，不妨见缝插针，抓住时机进行自我介绍。

自我介绍要看场合。如会见一个人时，互致问候后便可进行自我介绍。如有多人在场时，自我介绍前最好加一句引言，例如"我们认识一下好吗？我是……"作自我介绍时，不要把目光集中在一个人身上，最好环视大家，然后将目光转向他们中的某个人，大家也会相应地作自我介绍。

此外，进行自我介绍前，也可以引发对方先作自我介绍，诸如："请问您贵姓?""您是……"等，待对方回答后再顺水推舟地介绍自己。两人相互认识后如果希望进一步交往，还可以交换名片，以便今后联系。

第三节 名 片

作为交际工具之一的名片，在我国已有两千多年历史。早在秦汉时期，一些达官贵人便开始使用一种称做"谒"的竹制或木制名片，后改用绢、纸名片。汉末，谒改称刺；六朝时称名片为名；唐朝称门状等；明朝称名帖；清朝称名刺、名片，后统称为名片，沿用至今。

今天，拥有名片不再是高官显贵、名流贤达的特权。无论男女老少，不管地位高低，谁都可以拥有名片。名片不再仅仅是用于通报姓名、身份和结交友人，而且还被广泛用于答谢、邀约(代替请柬)、馈赠、祝贺、挽悼等事宜。例如，当您收到友人的赠礼后，可在名片的姓名下写上"领"字，另起一行顶格写上"谢"字，然后把名片装进信封寄给友人；而你赠人鲜花时可附上一张名片，对方看了名片，便明白是你的心意……随着社会进步和科技的发展，名片的功能越来越多，而名片的制作也越来越讲究。

一、名片的种类

现代名片的规格一般为10厘米长、6厘米宽，或略小。世界各国名片规格也不统一，如我国名片规格通常为9厘米×

5.5厘米，而英国男女皆宜的名片规格为7.62厘米×5.08厘米。制作名片的材料更是多种多样，有布纹纸、白卡纸、合成纸、皮纹纸，以及不锈钢、黄金和光导纤维等。

名片大体上可分为三大类：社交名片、职业名片、商务名片。社交名片一般只印姓名、地址、邮政编码、电话号码；职业名片，名片上除了姓名、地址、邮政编码、电话号码外，还将所在单位、职称、社会兼职等印在上面；商务名片正面内容与职业名片相同，但名片背面通常印上单位经营项目等。

二、交换名片礼仪

参加社交活动时，宜随身带上几张名片，以备用。与初次见面的人相识后，出于礼貌和有意继续交往，便适时递上自己的名片。

递、接名片时，如果是单方递、接，应用双手递，双手接；若双方同时交换名片，则应右手递，左手接。接过对方的名片后应点头致谢，真诚地说几句诸如“幸会”之类的客气话，并认真地看一遍名片。最好能将对方的姓名、职务(称)轻声读出来，以示尊重。要妥善收好名片，可以把名片放进上衣口袋里，或放入名片夹中，也可以暂时摆在桌面上显眼的位置，注意不要在名片上放任何物品。

双方交换了名片，意味着彼此之间架起了一座交往的桥梁，但不一定就能够成为朋友。因为此时的友谊犹如一株友谊的幼苗，只有经过双方长期共同培育，才有望长成不怕风吹雨打的参天大树。

三、名片的保存

在社交活动中，收下对方名片后，应放好，或放进上衣的口袋，或放入名片盒。回家后或回到办公室，则应将接受的名片分类收进专用名片簿。

收到的名片较多时，可按下列三种方法分类收藏，以便日后查找和使用。

(1)按字母顺序分类。外国友人名片可以按英文字母顺序或其他外国文字字母顺序排列，中国同胞的名片可以按汉语拼音字母顺序或汉字笔划分类排列。

(2)按行业分类。例如，可以把文化界同行的名片放在一起，把企业界朋友的名片放在一起。

(3)按国别或地区分类。每一张名片犹如一张记事卡，可在名片背面记录收到名片的时间与地点等，但不要在名片上乱涂乱画。

第四节　交谈礼仪

交谈是人们进行交往的重要方式。人们在办公场所交换工作意见，在花前月下交流思想感情，在汽车、火车上传递各地信息……可以说，人际交往离不开交谈。善于交谈者，常能如愿以偿；若交谈不得法，则有可能“碰钉子”甚至坏事。因此，为了使交谈获得最佳效果，以便交往获得成功，应掌握交谈技巧，重视交谈礼仪。

一、交谈礼仪

笔者有一位大学同窗口才不错，喜欢与人交谈。但这位同学与人交谈时，习惯自己高谈阔论，唱“独角戏”，结果，“被人遗忘的”交谈对象常因为没有机会“表演”而怏怏离去，我的同学为此感到比较困惑。当他和笔者谈起此事时，笔者坦率地对他说，交谈是双向交流，有了双向交流才能达到交流的目的，这是不可忽视的交谈礼仪。

（一）交谈时的目光

两个人面对面交谈时，双方宜相互凝视对方的眼睛，以表达自己的专注之情。目光应是自然、柔和、友善的，而不要目光直直地紧盯着对方，使对方感到不自然。与长辈、领导交谈时，心灵之窗——眼睛，流露出尊敬的神情；与同事、朋友交谈时，目光应流露出友好的神情；与爱人交谈时，目光充满温情；与不幸者交谈时，则流露出同情的目光。

（二）交谈时的距离

与不同关系的人交谈时，双方应保持相应的交谈距离。如与陌生人交谈时，两人的间距为 1.2 米左右；与熟人交谈时，相距 1 米左右；与亲友交谈时，距离 0.5 米左右，有时还可以更近些，甚至亲密无间地“交头接耳”。

交谈时，双方自觉地保持适当的距离，既不要相距太远，给对方以冷落感；也不要靠得太近，使对方有压抑感。可酌情调整距离，以便双方自由自在地交谈。

（三）交谈时的动作

与人交谈时，根据需要可以借助一些动作来说明问题，增强感染力。如点头表示赞同，侧身相对表示蔑视等，但手势的幅度不宜过大，切忌对别人指手画脚，以免引起误会。此外，与长辈、师长、上级交谈时，不要把手背在身后或插在口袋里，也不要做一些不必要的小动作，如摆弄衣角、甩头发等。

除此之外，与人交谈时应尽量使用礼貌用语，忌出言不逊；与人交谈时，不仅要会讲，还要会听，忌演“独角戏”；讲话要掌握分寸，忌信口开河；交谈中可以真诚地赞美他人，而不要贬低或中伤他人。

附录：部分常用礼貌用语：

好久不见说“久违”，

请人帮忙说“劳驾”，

麻烦别人说“打扰”，

托人帮忙说“拜托”，

中途退场说“失陪”，

请人勿送说“留步”。

二、交谈技巧

与人交谈时，要做到态度诚恳，表情自然，举止得当，语言文雅。此外，还要学一点交谈技巧，让谈话引人入胜。

（一）见什么人说什么话

俗语说：“人上一百，形形色色。”由于众人的阅历、修养、兴趣、性格等方面千差万别，所以，与不同类型的人交谈时，交谈话题、用语、风格要有所区别。例如，与股民聊股市行情，对方会兴趣盎然；与球迷谈足球大赛，对方会眉飞色舞；与农民朋友唠家常，不必讲文绉绉的话；同文化界人士聊天，不要使用粗俗的语言；与性格豪爽者谈话，不妨畅所欲言，直来直去；和作风稳健者交谈，注意遣词造句，力求言简意赅。反之，交谈效果则会截然不同。在通常情况下，谈话要言之有物，言之有理，不要讲大话、空话、假话、套话。

（二）在什么山上唱什么歌

一对恋人在公园里谈情说爱，人们往往会投去羡慕的眼光，并在心里为他们祝福；而这对恋人若在办公室过于亲昵，则显得不太雅观，说不定还会遭到某位同事的鄙视。由此看来，交谈不仅应因人而异，还要讲究因地、因时、因情而异。

在不同情形下选择适宜的话题，是顺利交谈的关键。如在学校里谈春游计划，或者谈学习体会等同学们都比较感兴趣的话题，容易产生共鸣。在车站、候船室等公共场合，尽可能选择大家均有所了解而谈起来又相对轻松的公众话题，如天气情况、新闻事件、文艺演出、体育比赛等。此外，也可以讲一些健康的趣闻逸事，以活跃交谈气氛。不过，在严肃的场合则不要随便说浑话，讲笑话。

三、察颜观色，随机应变

与人交谈时，既要讲，还要会听。听对方讲话时应聚精会神，以便了解对方的意图。交谈时要善于察颜观色。当对方脸上出现厌倦神色，说明对方对谈论的话题已失去兴趣，这时不妨换一个话题。若对方频频看表，或坐立不安，则表明对方另有活动安排或暗示欲抽身，该结束这次谈话了。

交谈中万一疏忽失言，要尽快采取补救措施。例如，1992年笔者与利比亚大作家古维里交谈时，由于事先没有了解其家庭情况，就冒昧地问他的孩子爱好文学吗？当他回答无孩子时，笔者意识到自己的失言，赶快话锋一转，恳切地说，他的作品就是他的孩子，使古维里先生转悲为喜。

思考题

1. 在社交场合，谁享有握手的主动权？
2. 怎样才能与人愉快地交谈？
3. 为什么说学会聆听很重要？

附交谈礼仪故事二则

一、豁达

一位姑娘乘公共汽车时，不小心踩着了一位小伙子的脚，于是非常紧张地向小伙子道歉："对不起，我不小心踩了你的脚！"小伙子风趣地回答："不，是我的脚放错了地方。"看到小伙子如此宽容、豁达，姑娘如释重负地笑了。

二、妙答

1986 年 7 月，在大阿拉伯利比亚社会主义民众国的"九·一"革命节来临前夕，利比亚有关方面召集在利比亚工作的各外国建筑公司负责人开会，向各公司下达了出工、出车参与迎接利比亚节日的指令。

按照利比亚的黎波里市市政局的安排，中国建筑工程总公司驻利比亚经理部要派出50人、10辆卡车义务工作一个月。经理部负责人有点犯愁了。抽调这么多人、这么多车义务干一个月的市政活，必将影响公司正在加紧施工的修建学校项目。可是，不派人派车也不行，这可是一项“光荣的政治任务”。于是他委派笔者去与利比亚的黎波里市市政局进行交涉，希望能减轻本公司的负担。笔者来到黎波里市市政局，与有关负责人亲切寒暄后，立刻热情洋溢地说：“即将来临的‘九·一’革命节，是利比亚人民的重要节日。中国公司十分乐意为迎接这一光辉节日尽一份力。”

利比亚朋友听到笔者的这番话后笑容满面，深感欣慰。

笔者接着说：“承蒙利比亚兄弟的信任，本公司目前正在加紧施工，以期完成学校建设项目。本公司一定要保质保量按时完成施工任务，以便让可爱的利比亚少男少女们能够早一天坐在窗明几净的教室里，如饥似渴地吸吮知识的乳汁。”

就在利比亚官员频频点头时，笔者话题一转，面有难色地说：“现在学校建设已进入最后的冲刺阶段，倘若一下子从工地上抽出10辆车、50个人干一个月的市政活，我们担心所承建的学校不能按时交工，将会影响你们的子女上课啊！”

利比亚官员听完这番话，眉头也皱起来。几个官员耳语一阵，然后，赛阿德处长问：“请问李先生，贵公司抽出多少人、调几辆车，方不至于对施工产生大的影响呢?”

笔者说：“谢谢你们的理解和关照。我公司可以抽出一辆车，供市政部门调遣一个月。我们还将想方设法调遣25个人为迎接‘九·一’革命节义务劳动一天。此外，本公司全体职工将全力以赴，以建好学校的实际行动，迎接‘九·一’革命节。”

扎纳提副局长说：

“中国兄弟正在为我们的子女修建学校，任务紧迫。他们对我国节日的态度是积极的，李先生所反映的情况也是真实的。我们同意你们在不影响工程施工的前提下，尽力为市政建设作贡献。”

事情就这样解决了。笔者轻松地舒了一口气。

此时，赛阿德处长又饶有兴趣地问笔者近来又有什么新作?

笔者从公文包中取出新近创作的一篇阿拉伯文短篇小说，几位留美、留英、留埃的利比亚高级工程师兴致勃勃地读起来。一阵阵欢笑声在市政局大厅里回荡。

第四章　通联礼仪

第一节　电话礼仪

随着我国人民生活水平的逐步提高和通信事业的发展，电话已进入千家万户，成为人们联系工作、交流信息、联络感情的重要通信工具。打电话看起来似乎很简单，但如果不熟悉或不讲究使用电话的礼仪，可能会导致通话双方都不愉快。下面介绍使用电话的礼仪，以便届时取得最佳通话效果。

一、打电话的礼仪

（一）选择时间

打电话，应选择适当的通话时间。一般说来，在公关活动中，若无特殊情况，尽量选在受话人上班10分钟以后或下班前10分钟通电话，这时对方可以比较从容地听电话。除非事情紧急，打电话时间不宜过早（早上7点钟以前）和太晚（晚上10点钟以后），以免打扰别人休息。

打国际长途电话时，则要注意地区时差。

（二）通话准备

通话前要有所准备。确定受话人的电话号码，以免拨错号码，给别人增添麻烦；通话前要事先想好谈话内容，重要电话不妨先在纸上记下要点和有关数据，而不要在通话时才慌慌张张翻材料，让对方握着听筒干着急。

（三）通话礼貌

通话要讲究礼貌。电话接通后应先向对方问好，然后自报单位和姓名。若接电话者不是自己要找的人，可请他（她）帮忙传呼，并表示谢意。如果受话人不在，不要“咔哒”一声把电话挂断，而应把自己准备讲的话告诉接电话者，托他转告。如果内容不便转告，可以告诉对方改时间再打；或请对方转告回电话的号码。

通话内容应简明扼要，不要东扯西拉，打哈哈，侃大山。根据情况可用探询或商量的口气交谈，同时细心倾听对方的反应。除了特殊情况外，通话时间切忌过长，每次以 3 分钟左右为宜。交谈完毕道谢或道别后，把话筒轻轻放好。如果对方是长辈、上级，应让对方先放话筒。

二、接电话的礼仪

（一）尽快接听

电话铃一响，应尽快接听电话，而不要置若罔闻，或有意延误时间，让对方久等。拖延时间不仅失礼，有时还会误事。

电话铃响之际，如果自己正与同事或客人交谈，可先与同事或客人打个招呼，再去接电话。拿起听筒后，先说“您好”，接着自报家门。听电话时应聚精会神，可以不时地“嗯”一声，或说“好”等，以表明自己正在仔细地倾听对方的谈话并有所反应。不要在接听电话的同时，与身边熟人打招呼或小声谈论别的事情。

接到电话时若正在用餐，最好暂停吃喝，将口中的食物处理掉，以免自己咀嚼吞咽的声音通过电话传进对方的耳朵，给对方留下被轻视的感觉。

（二）助人为乐

在公关工作中，当接到不是自己的电话时，应主动帮助对方传呼受话人。如果受话人不在，要马上告诉对方，并客气地询问对方，是否有急事需要转告。如有，应认真记录，随后及时转告。对方若不愿讲，也可悉听尊便，但不可盘问、打听。通常在对方放下电话之后，接电话者再轻轻放下电话。

接到打错的电话，首先仔细倾听对方找谁，然后询问对方拨的号码是多少，最后客气地告诉对方打错了电话。若有可能，不妨为对方提供一点线索。不必责怪拨错电话号码的人，或气呼呼地挂断电话，以发泄不满，这是不礼貌的举止。对方道歉时，可说声“没关系”；对方致谢时，回答“不客气”。彼此以礼相待，皆大欢喜。

三、塑造良好的电话形象

打电话是一种特殊、快捷的交往方式。说它快捷，两人即使相距遥远，通话时却犹如近在咫尺；说它特殊，彼此“只闻其声，不见其影”（使用可视电话例外）。既然通电话主要靠声音进行交流，因此，打电话者和接电话者均应格外注意音量、语气及谈话内容，以便给对方留下美好的印象。

第二节 手机礼仪

目前，中国居民使用手机数量已突破5亿部，成为世界手机第一大国。随着手机的普及，手机持有者有必要了解和掌握使用手机的通话礼仪。一般说来，使用手机也应当参照上述电话礼仪。因故不方便通话，或节假日时，可利用短信进行沟通、发送问候。

移动通讯工具，主要是为了方便个人联络和确保信息交流的畅通无阻，因此使用者要牢记交费日期，并自觉按时缴纳费用。不要因为忘记交费而被停机，致使他人与自己的联络中断。改换手机号之后，要尽快告知自己主要的交往对象，以保持联络顺畅。

通过他人的移动通讯工具与对方联络，并要求对方按自己指定号码回复时，切勿见缝插针，使自己的通讯工具一忙再忙，而令对方打不进来。在约定的联络时间内，不要随便关机。因掉线、无电而有碍联络或暂停联络时，应及时说明，并向对方道歉。

使用手机要讲究手机礼仪，要注意公共秩序，不要在教室、自习室、会议室、图书馆等地拨打或接听电话，而应当将手机关闭或置于带振状态。如需拨打手机，应去室外进行；如有电话呼入，应闪断，走出室外，再回拨过去。不论在教室上课，还是在会议室开会，都不应马上走出室外接听，而应等到课间或会后再通话。

此外，根据目前手机的特点，使用手机礼仪可以概括为

“六要六不要”。

六要：(1)当手机铃声响起，要尽快接听。(2)因故未能接听电话，发现信息后要及时回话。(3)通话时要使用礼貌语言，用文明字眼发短信。(4)要遵守公共秩序，在教室、图书馆、会议室、电影院等公共场合自觉关机或将手机调到静音状态。(5)在别人家做客时，要尊重主人。没有特殊情况，不要不停地使用手机打电话。(6)要注意安全，最好把手机放在提包和手袋里，因为手机挂在胸前不太安全。此外，在驾驶汽车时尽量不使用手机。

六不要：(1)不要主动索取他人的手机号码。(2)一般情况下不要借用他人的手机。(3)不要看别人发短信，不要编写和转发黄色短信。(4)不要偷拍别人的形象。(5)使用个性化的铃声无可非议，但不要使用内容不文明的铃声。(6)不要在医院急诊室附近使用手机，不要在行驶的飞机上使用手机。

利用手机发短信时要主题明确、言简意赅、没有歧异。发短信给不是很熟悉的人，一定要落款留名，让对方知道是谁发的。不要使用手机传播黄色短信、政治短信。不要在回复时，只发一、两个字，惜字如金，往往会给对方很冷漠的感觉。

附录：优秀手机短信三条：

1. 恭祝您幸福像内存一样经常溢出；金钱像硬盘一样存个没够；好运像鼠标一样握在手中；生活像 CPU 一样奔腾不息；前途像显示器一样无比明亮！

2. 朋友是茶，帮你过滤浮躁，储存宁静；朋友是水，帮你滋润一时，保鲜一世；朋友是泪，帮你冲淡苦涩，挂满甜蜜。

3. 月亮是诗，星空是画，愿所有的幸福伴随着您；问候是春，关心是夏，愿所有的朋友真心待您；温柔是秋，浪漫是冬，愿所有快乐跟随您。

第三节　网络礼仪

随着信息技术的发展和电脑应用的普及，人类新的生存空间——网络世界应运而生。1994 年，中国上网人数只有 1 万多人；2000 年上半年，中国互联网用户迅速上升到 1690 万户；2004 年 6 月底，已达 8700 万户。中国互联网络信息中心 2005 年 1 月 15 日发布的“第十五次中国互联网络发展状况统计报告”显示，截至 2004 年底，我国网民总数已达 9400 万，其中使用宽带上网的人数达到 4280 万；上网计算机达到 4160 万台。截至 2007 年 6 月 30 日，中国内地网民达 1.62 亿，使用宽带上网的人数达到 1.22 亿；上网计算机达到 6710 万台。人们在学习、工作和生活中越来越多地使用互联网。世界各地的网络工作者和网民在利用互联网进行传播和交往的过程中，逐渐总结出一些使用网络时应当遵守的规则——网络礼仪。

一、网络礼仪

网络礼仪（Netiquette）是保障网络世界正常秩序的基本规范。国外一些计算机网络组织为其用户制定了一系列相应的规则。如美国计算机伦理学会制定的十条戒律：（1）不用计算机伤害别人；（2）不干扰别人的计算机工作；（3）不窥探别人的文件；(4)不用计算机进行偷窃；(5)不用计算机作伪证；(6)不使用或复制没有付钱的软件；(7)未经许可不可使用别人的计算机资源；(8)不盗用别人的智力成果；(9)应考虑所编程序的社会后果；(10)应以深思熟虑和慎重的方式使用计算机。

国外有些机构还明确规定了被禁止的网络违规行为，如美国南加利福尼亚大学关于网络伦理的声明指出了六种网络不道德行为的类型：(1)有意造成网络交通混乱或擅自闯入网络及其相连的系统；(2)商业性的或欺骗性的利用大学计算机资源；(3)偷窃资料设备或智力成果；(4)未经许可接近他人的文件；(5)在公共用户场合做出引起混乱或造成破坏的行为；(6)伪造电子函件信息。

二、网络礼仪训练

(一)熟悉网络知识

所谓网络，就是将多台电脑连接在一起，使各用户之间能够通过数据库、聊天室、电子邮件和其他方式进行便捷的沟通与交流。网络可分为广域网和局域网两大类：如因特网属于广域网，武汉大学校园网则属于局域网。

(二)了解网络礼仪

现代高科技的发展给人类生活带来许多便利，互联网给世界各地的人们提供了一个相互交流的平台，相识的和不相识的人，通过网络进行交流。因此网民应注意上网礼仪。

(三)记住人的存在

在网络世界漫游的时候，不要忘记网上还有许多朋友，其中有网络管理人员、网络维护者、网友、“黑客”等。因此，上网者要控制上网时间，尊重其他网友。另外，玩网络游戏时不得作弊。此外，还要注意做好保密工作等。

（四）网上网下行为一致

在现实生活中，绝大多数人都遵纪守法，注意用法律及道德标准规范自己的行为。同样，互联网上的道德和法律与现实生活也是相同的。因此，在网上交流时，也需要用法律的道德标准规范自己的行为。

（五）入乡随俗

不同的网站、不同的论坛有不同的规则。在某个论坛能做的事情，在另一个论坛可能不易做。例如，在聊天室畅所欲言和在一个新闻论坛发表意见是不同的。最好先观察后发言，以便了解论坛的气氛和可以接受的行为。

（六）尊重他人的时间

别人为你寻找答案需要花费时间和资源。因此，在你提出问题之前，应先花些时间进行搜索和研究，然后再提出问题。也许同样的问题以前你曾提出过多次，现成的答案却随手可及。

（七）在网上留个好印象

由于网络交流的匿名性，因此文字成为网民相互之间印象的惟一判断。网民在交流和沟通时，如果对某一方面不熟悉，可以先阅读相关资料。在发帖前应仔细检查语法和用词的准确性，尤其值得注意的是，不要使用脏话和挑衅的语言。

（八）分享你的知识

除了礼貌地回答别人提出的问题外，包括当你提出的问题得到其他网民较多的答复时，特别是通过电子邮件得到答复后，最好写份总结与大家分享。

（九）平心静气地争论

争论是正常现象，但要注意以理服人，不要进行人身攻击。

（十）尊重他人的隐私

电子邮件是隐私的一部分。如果你熟悉的某人用笔名上网，你未经征得本人同意便将他的真实姓名公开，则不是一种好的行为。再则，当你无意中看到别人打开电脑上的邮件或秘密，更不应该“广播”。

（十一）不要滥用权利

作为管理员、版主，比其他用户享有更多权利，故应珍惜这些权利，而不要滥用特权。

（十二）宽容

当看到别人写错字或者提出一个低级问题时，最好不必介意。当然，也可用电子邮件的方式提出自己的建议。

三、掌握网络沟通技巧

在网上进行交流，需要掌握网络沟通技巧。一是了解在线交流技巧；二是掌握发电子邮件技巧；三是熟悉网络交流常用缩略语及表达符号。

（一）在线交流技巧

（1）避开网络使用高峰时间：一般说来，根据人们的上班时间和生活习惯，每天网络使用高峰时间段有3个：上午8～11点；中午12点～下午3点；晚上7～9点。为了避开网络忙导致网速慢的情形，不妨选择网络相对空闲时间上网。

(2)熟悉各类网站：网站分门户网站、分类网站。门户网站有内容包罗万象的中华网、网易等网站；分类网站有内容相对单一的中国文化网、中国汽车网等。所以，浏览新闻资讯，可以上新华网、新浪网、凤凰网等；收集工作信息，则可上国家、地方人才网或各类求职网等。

(3)文明交流：网民通常以匿名方式进入网络交流频道或聊天室或论坛。在与“只闻其声，不见其人”的网友交谈时，最好就事论事，并应尽量使用文明语言和简明扼要的语言文字。

(4)礼貌离线：准备离线时，应通知其他成员。

(二)收发电子邮件技巧

随着网络交流方式的发展，收发电子邮件已经成为网民日常生活的一部分。因此，我们有必要掌握收发电子邮件技巧。

收阅电子邮件：

(1)定期打开收件箱，查看有无新邮件，以便及时阅读和回复。

(2)收到垃圾邮件，一删了之。

(3)收到来历不明的邮件，不要匆忙打开。可以先对来件进行预防性杀毒，然后再打开；也可以直接删除。

撰写与发送电子邮件：

(1)主题明确。写一封电子邮件，通常选择一个主题，并且在“主题”栏里注明，使对方一目了然。

(2)文字简明。撰写电子邮件，应当简明扼要，为了方便对方阅读，尽可能使用规范的文字，而不要使用生僻字、异体字。

(3)慎用附件和抄送功能，酌情使用网络表达符号。

(4)发送邮件前，再仔细阅读一遍内容，检查是否有漏项、错字或笔误，待补齐或改正之后再发出。

(三)QQ(视屏)聊天礼仪

随着网络技术的发展，人们的社会生活日趋活跃，新颖、便捷的QQ聊天、视屏聊天等网络交流逐渐普及，讲究真诚和文明的网络聊天礼仪应运而生。

(1)真诚。聊天伙伴(即网友)很多是陌生人，通过视屏谈学习，谈工作，探讨人生，交流经验，彼此以诚相待，互相启发。切不可胡编乱造，欺骗对方。

(2)文明。网络聊天，主要是交流人生经验或倾诉真情实感，以获得对方的意见、同情、安慰和帮助。聊天内容可以海阔天空，但语言要文明，不可使用低级下流的语言，更不能在网上打情骂俏，以网络聊天为诱饵，行坑蒙拐骗之勾当。

(四)网络交流常用缩略语及表达符号

通过网络收集信息和进行交流，是一件很愉快的事。为了保证传输线路的畅通，聪明的网民们巧妙使用英语缩略语，以便节约网络传递时间和提高交流效率。此外，网民们还创造了许多生动有趣的符号，藉此表达丰富多彩的感情和心绪。

(1)网络交流常用缩略语：IMHO = in my humble/honest opinion(以鄙人之见)；FYI = for your information(仅供参考)；BTW = by the way(顺便说说)。

(2)网络交流常用表达符号：

：－)	最基本的笑容，用来表示玩笑和幽默
；－)	眨着眼睛，狡黠地笑
：－(	苦笑，心情沮丧

：－ I	漠不关心的笑容
：D	大笑
：－ >	辛辣的评价
>：－ >	恶作剧式的笑
%－）	在屏幕前坐了很久，两眼发花
：*）	喝醉了
：－7	在讽刺你
：’－（	作者在哭
：－@	作者在叫

附全国青少年网络文明公约：

要善于网上学习，不浏览不良信息；

要诚实友好交流，不侮辱欺诈他人；

要增强自护意识，不随意约会网友；

要维护网络安全，不破坏网络秩序；

要有益身心健康，不沉溺虚拟时空。

第四节　求职礼仪

随着社会主义市场经济体制的逐步建立，人事制度、毕业生就业制度和劳动用工制度正在发生相应的变革。如今，求职者与用人单位实行双向选择的模式日趋普及，求职现象日渐普遍。许多即将毕业的大专生、大学生、研究生等，都会面临就业的问题。而一些对现有工作不大满意的职工，也打算换个单位试一试。可是，怎样才能找到称心如意的工作单位呢？求职者的知识和能力固然重要，但光凭技能还不够，不少才子、才女在人才市场上屡屡碰壁的教训令人遗憾也让人深思。他们并不是庸才，可由于缺乏求职技巧和求职礼仪，理想的工作和他们擦肩而过。因此，求职者应当学习求职知识、求职技巧和求职礼仪，以便顺利择业，大展宏图。

一、求职准备

为了找一份合适的工作，求职者首先要广泛收集人才需求信息，从中选择比较理想的工作岗位。

（一）收集信息

求职前，首先要利用各种途径广泛收集人才需求信息，以便对号入座。既可以通过官方、校方、厂方和人才供需见面会、人才交流会等渠道了解哪些单位要人，也可以从广播、电视、报刊、电脑、人才市场、劳动力市场、职业介绍所等各种媒介中捕捉就业信息，还可以拜托亲朋好友、老师、同学、老乡等帮忙打听、联系工作。然后，将收集到的信息进行整理，从中筛选出自己认为比较理想的工作单位，作为下一步进军的目标。

（二）选择单位

所谓比较理想的工作单位，是指那些既符合本人兴趣又能发挥自己专长的职业。例如喜欢舞文弄墨者，可以选择需要笔杆子或文秘人员的单位；而乐于经商者，则不妨去缺人的贸易部门竞争职位……

选择单位也有诀窍，一是要看用人单位是在走上坡路，还是在走下坡路，应以发展红火、正在扩张、处于上升趋势的单位作为首选，而不要投身于正在萎缩、没落的单位；二是要考虑用人单位的岗位，究竟选择蒸蒸日上的大公司还是蓬勃发展的小企业？对个人而言，单位牌子大小、实力强弱并不是最重要的，关键是看用人单位能否给自己一个发挥才能的机会和拓展事业的空间。只要有发展前途，中央机关、省直机关、国有企业、“三资”企业、集体企业、乡镇企业和民营企业等，都可以纳入自己的视野。

二、联系单位

求职者一旦选择好了较理想的工作单位，不妨立刻开始主动进行联系。可先打电话与用人单位联系，并约好时间直接到用人单位面谈。进行电话联络时，要讲究交谈方式，做到语气亲切，语言简明，声音高低适度。因为声音往往可以反映出一个人的年龄、态度、个性等，切不可粗声粗气，大喊大叫。与用人单位联系，也可以先放一只试探性气球，寄上个人简历和自荐信或介绍信或推荐信，看对方是否有意。

（一）个人简历

个人简历包括姓名、性别、年龄、地址、所学专业、课程及其成绩，其中外语水平是否具有听、说、读、写、译五种能力，会不会使用电脑等。此外，不要漏掉工作经历或社会实践及其成就。如果曾担任学生干部，主持或参与的重要活动自然会引起用人单位的注目；倘若是一位勤奋的笔耕者，发表的文章、取得的科研成果，对求职成功亦大有裨益。例如武汉大学管理学院国际金融专业 93 级的一名学生干部，由于其专业理论基础扎实，外语水平过关，遂成为多家用人单位力邀加盟的对象。而综合素质高、科研成果多的复合型人才，也备受用人单位的青睐。

当然，求职者写个人简历应实事求是，既不要夸大其辞，也不要贬低自己，力求做到行文规范，表达准确。写好后可打印出来，篇幅不要超过两页纸，文中不宜出现文字错误及涂改痕迹。现举例如下：

我叫×××，女，中共党员，××大学会计学专业××届毕业生。在校期间学习成绩优良，专业课平均成绩 91 分，选修课平均成绩 87 分。大学英语已过国家四级，计算机通过国家二级，会操作 Office，Windows 等电脑软件，在省级报刊上发表论文 4 篇，曾两次荣获校级“三好学生”荣誉称号，连续三年获一等奖学金。

本人性格开朗，爱好广泛，喜书法，好绘画，有一定的写作能力，组织能力较强。在校期间历任班、系、院学生干部，参与组织了樱花诗会等活动。

我希望到贵单位效力，从事与所学专业相关的财务、会计、文秘等工作，以便施展自己的才华。联系电话：××××××××

推荐信可以请熟悉自己的老师写，他(她)会如实介绍学生的优点和强项；也可以请校方组织部门出具推荐信，一定要盖公章，以增加权威性。这些都有助于用人单位更好地了解求职者。

(二)联系单位

求职者与用人单位联系时，要讲究策略。求职材料寄出后，应等一些日子再询问结果。若材料寄出不久，就急不可耐地频繁催促用人单位，会让对方产生反感。若材料寄出很久没有回音，则应去信客气地询问对方是否收到。有时还可以主动出击。例如美国著名教育家卡耐基先生的一位朋友就是靠胆大心细，才得以进入一家知名的广播公司服务。

当时，有多家公司请他“静候佳音”。他觉得“守株待兔”不是办法，于是开始主动进攻。他用十分冷静的语气打电话询问一家大公司：“本人想询问一下贵公司是否还在征求助理制作?”他前后共打了10次电话，每一次的答案都是一样：“对不起，我们部门没有征求任何人员。”他还是不甘心，继续打，终于有人告诉他：“你可以跟特拉多先生或是杜尔先生联络，我们已经开始进行面谈了。”另有人回答说：“是的，我们正在征求助理制作，您可以和崔斯基先生谈谈。”在面试的时候，主考官问他，如何得知这个机会？公司并没有向外界透露消息，原打算由内部人员递补。他回答说，他打了多次电话查询，终于侥幸地得到消息。主考官点头笑着说：“这种锲而不舍的精神真是令人可敬可佩。”

求职并非易事，求职道路上并不总是求职者希望见到的一路绿灯。求职若被对方回绝，也不必沮丧，失败乃成功之母，再联系其他单位，西方不亮东方亮。

联系工作单位，能够学以致用当然最佳。但短期内若无合适单位时，则不妨变通一下，而不要把自己牢牢地限制在一个狭小的专业圈子里。“退一步海阔天空”，例如学历史专业的青年人，既可以同教育部门挂钩，当一名历史教员；也不妨与报社、杂志社、出版社联系，从事编辑工作；若有机会到机关、企业等单位做行政工作也未尝不可。联系的面放宽一点，机遇就会多一些。当用人单位觉得求职者比较合适时，就会通知他(她)到单位面谈或面试。

三、面试礼仪

(一)形象设计与思想准备

面谈或面试是用人单位当面观察求职者，考查其修养、能力，继而做出录用决定的关键。因此，求职者必须认真对待，提前做好形象设计与思想准备，力争顺利闯过这一关。

1. 形象设计

求职者的形象给面试官的印象好坏，常常关系到求职的成败。因此，求职者在面试前应进行自我形象设计，以便在面试时更好地显示自己的风度和神采。

男性求职者的形象设计：

男士首先要精心梳理好头发。注意不宜留长发，不能剃成阴阳头，也不要弄得满头卷发，乱作一团。

其次，要认真修好边幅，如修剪鼻毛和胡须，使人显得面部光洁、神采奕奕。

另外，一定要做到衣着整洁。若穿西装，最好系领带。注意把衬衫下摆扎进裤中；不要穿袖口或裤脚折边已磨损或开线的衣服；皮鞋要擦亮，鞋带要系紧。

女性求职者的形象设计：

一般说来，端庄、干练的女性求职者受到用人单位的普遍欢迎。因此，女士面试前宜化淡妆，细心修剪指甲和鼻毛，把头发盘起或梳扎好。不要浓妆艳抹，以免弄巧成拙。

女士着装要得体大方，不穿超短裙，也不要穿薄、露、透或紧绷在身的衣服，可穿西装套裙。西装应稍短，以充分体现女性腰部、臀部的曲线美。如果配裤子，上装以稍长为宜。求职面试时，女士应避免佩戴过多的珠宝饰物。

2. 思想准备

面谈和面试时，面试官将会向求职者提一大堆问题或一连串问题。求职者对面试官可能提出的问题应事先有所准备，以便做到胸有成竹，对答如流。这里列出用人单位通常都会提出的10个问题，供大家参考。

(1)你的家庭情况、婚姻状况？

(2)你的理想？

(3)你为何选择本单位？

(4)你计划怎样为本单位做贡献？

(5)你对工作待遇有何要求？

(6)你计划今后再调换工作吗？

(7)你打算出国吗？

(8)你喜欢什么样的领导？

(9)你有哪些特长？

(10)你的缺点是什么？

此外，美国恩迪科特博士经过大量调查后总结的美国招聘者招聘大学毕业生时常问的49个问题，其中不少问题值得中国求职者思考。

(1)你的长期和短期目标是什么？你在什么时间、为什么树立起这些目标？你准备怎样实现它们？

(2)除了与职业相关的目标外，你有什么其他方面的目标吗？你是否需要有在下一个10年或更长的时间内为之奋斗的目标？

(3)你预料从现在开始的5年内，你将做些什么事情？

(4)在你的一生当中，你想做的最重要的事情是什么？

(5)你的长期的职业方面的目标是什么？

(6)你计划怎样实现你的职业目标？

(7)在职业方面，你希望得到的最重要的奖励是什么？

(8)你希望5年后的收入达到多少？

(9)你为什么要选择你准备从事的职业？

(10)工作类型和收入中的哪一个对你来说比较重要？

(11)你认为你的强项和弱点是什么？

(12)你能形容一下你自己吗？

(13)你认为最了解你的朋友和教师会如何描述你？

(14)什么事情或东西将激发出你最大的热情？

(15)为了你以后的职业生涯，在大学期间你都做了哪些准备工作？

(16)我们为什么要雇佣你呢？

(17)你认为你哪方面的资历将有助于你以后取得职业方面的成功？

(18)你是怎样判断或评估成功的？

(19)你认为怎样才能在像我们这样一家公司取得职业上的成功？

(20)你将以何种方式为我们公司做贡献？

(21)一个成功的管理者应具备什么样的资历？

(22)请形容一下监督者和向其汇报工作的人员之间的关系。

(23)最令你感到满足的成就（你已经实现的）是什么？请举出两三个例子并说明为什么。

(24)请讲一讲最有益的大学经历。

(25)如果你想雇佣一个向你申请想得到职业的毕业生，你认为该毕业生应具备什么样的资历？

(26)你为什么选择了你所毕业的大学？

(27)什么原因使你选择了你正从事的专业领域？

(28)在大学里你最喜欢的科目是什么？为什么喜欢它？

(29)你不喜欢的科目是什么？为什么不喜欢？

(30)如果可能的话，你将如何改变自己的学业？为什么？

(31)你希望学校有什么样的变化？为什么？

(32)你是否计划继续你的学业或者说得到一个更高级的学位？

(33)你认为好的分数意味着较好的学术水平吗？为什么？

(34)从课外活动中你都学到了什么？

(35)你最适应什么样的工作环境？

(36)在压力下你是如何工作的？

(37)你最感兴趣的临时工作或假期工作是什么？为什么？

(38)为什么你决定申请我们公司的这个职位？

(39)关于我们公司，你都知道些什么情况？

(40)对你来说，工作中最重要的两三件事情是什么？

(41)你对公司的规模有什么要求吗？为什么？

(42)你用什么标准来评价你为之效力的公司?

(43)你对工作地区有什么偏爱吗?为什么?

(44)你愿意迁居吗?迁居对你有什么样的影响?

(45)你愿意出差吗?

(46)你愿意再花至少6个月的时间接受培训吗?

(47)你对我们公司所在的社区有何评价?

(48)你曾遇到的主要问题是什么?你是如何解决的?

(49)你从你的错误中学到了什么?

(二)面试礼仪与讨价技巧

1. 面试礼仪

求职者参加面试时要带全有关证件和资料，不要结伴而行。要关掉手机，或者把手机设成静音。在面试过程中不要硬往主考官手里塞联系名片或向主考官索要名片，一切要自然得体。求职者在面试过程中表现出的礼仪水平，不仅反映出求职者的人品和修养，而且直接影响面试官的最终决定。因此，求职者参加面试时，务必注意以下六点：

(1)准时赴约

守约守时是最基本的礼仪。应邀赴约时，一定要按通知的时间到达面谈地点，或不妨提前一刻钟到达面谈场所附近，熟悉情况，进一步做好面试前的思想、心理准备。再想一想，怎样简要介绍自己的基本情况，如何巧妙回答招聘者可能提出的诸如“你为何对这份工作感兴趣?”“你的奋斗目标是什么?”等问题。然后独自不慌不忙地进入面谈场所。切莫让他人陪你入场。入场时不要吸烟，更不要大大咧咧地嚼口香糖。

(2)尊重接待人员

求职者到达招聘单位后，应主动向接待人员问好。若需要填写表格，字迹力求工整、清楚。在等候的过程中要注意坐姿。轮到面谈时，先敲门或按门铃，如果门虚掩着，也应先敲门，切勿推门而入，得到允许后方可进入。求职者进门后要有礼貌地问候主谈(考)人，并随手轻轻关好门。待主考官请求职者就座时，求职者应先道谢，然后再按指定位置落座。落座后尽可能保持坐姿端正，表情宜亲切、自然，不可趾高气扬。

(3)彬彬有礼

求职者进门后，如果主考官伸出手来，求职者应同他(她)热情握手。若对方端来茶水，求职者应用双手接过，并致谢，不要推辞不喝。若对方只是客气地问："要茶吗?"求职者则可客气地回答："不用，谢谢。"

(4)讲究谈话礼仪

双方寒暄完毕，主考人通常让求职者先开口，求职者在交谈中应把握重点，准确客观，态度要热情、坦诚，吐词清楚。在回答问题时，求职者的眼睛要看着主谈人(主考官)及其助手，应自信、冷静、沉着，不浮躁、紧张、胆怯。在面谈过程中，求职者应仔细倾听对方的提问，对答如流，但不要夸夸其谈，炫耀自己。更不要喧宾夺主，切忌打断主谈人的谈话，在主谈人谈话时插话是不礼貌的行为。如果面谈时两个人同时向求职者提问，求职者可以微笑着对其中一位说："请让我先回答那个问题好吗?"这样处理问题，从一个侧面表现出求职者的修养和处事能力。当然，在面谈时求职者也可以酌情穿插一些提问，如询问未来的工作情况等，以活跃交谈气氛。

(5)适时告辞

当主谈人说："感谢你来面谈"等诸如此类的话时，意味着面试完毕。求职者应从容不迫地站起来，面带微笑地表示谢意，与主谈人等握手道别，然后走出房间并轻轻带上门。离开时，别忘了向接待人员道谢、告辞。

(6)致信道谢

面试之后，求职者不要消极地等待通知，最好在面试1～2天之内，利用书信、电子邮件或电话向主考官表达谢意，可在信中和交谈中顺便再次表达希望进入该单位工作的愿望。

一般情况下，面试3～5天后才能出结果。如果面试两周之后求职者还未收到答复，就应该写信或打电话给招聘单位或主考官，询问有关结果。如打电话，要事先想好所说的话，直切主题、语调欢快，声音清晰、明朗，不管是否录用，都要表示感谢。

2. 讨价技巧

找工作，既是为了寻找一个用武之地，以大显身手，也是为了获得一份薪水，以满足生活的需要。求职者都希望能找到一个既合自己心意又有好的待遇的工作。那么，不妨在求职时掌握好以下三个环节。

(1)摸清情况

求职者和招聘者面谈前，可事先了解该行业的一般待遇及前任工资收入。例如，你打算在旅游局下属的一个饭店谋取大堂经理的职位，那么，首先应该从其他途径了解到该饭店前任大堂经理和其他同级别饭店大堂经理的月薪数目。心中有了底，谈判时开价会比较合适。当然，谈薪水也要考虑自身的条件。

(2)选择时机

求职者不宜在刚与雇主见面时就谈待遇问题，而应掌握“火候”。最好等到雇主表示出合作意向时，再谈论薪水问题。

(3)留有余地

当雇主有意聘你时，他(她)可能会突然提问：“你希望的月薪是多少?”此时，你不要惊慌，可以根据你掌握的有关情况，说出自己能接受的最低待遇和希望获得的最高月薪。倘若前任月薪是1800元，你指望月薪2000元，可以说“1800元至2200元如何?”如果雇主说：“最高1900元。”你可以说：“你希望我到贵单位服务，我十分乐意。可这个数目似乎稍微少了一点，2000元就合理一些了。”此时，还可以讲你以前月薪多少，为先前服务的单位做出了若干贡献等。但不要把话说死，既不要说：“韩信点兵，多多益善。”也不要说：“少了2000元我不干。”而要给对方和自己留下回旋的余地。商谈薪水要坚定而灵活，如果达到或接近期望的目标就可以了。上岗后干得出色，单位自然会给你加薪。

求职成功令人心情愉快，但万一受挫也不要气馁，可以寻找其他的机会。有时候第一次选择的职业，不一定就是最佳选择。以后还可以根据自身条件的变化和社会环境的变迁，再次选择职业。

思考题

1. 为什么在求职时要特别讲究礼仪?
2. 面试时要注意哪些礼节?

3. 怎样与雇主协商福利待遇?

附招工实例两则

一、文身青年求职遭冷遇

时下，文身和染发成了年轻人的一种时尚。不料这些时尚的青年在职场屡遭冷遇。

小黄是上海市某高职院校的应届毕业生。一年前为了对女友表达爱意，在自己的胸口文了带有女友英文名的蜥蜴。不料，这个“爱的标记”在最近的几次毕业生招聘会上，竟成了招聘单位拒绝他的理由。

在某外国语大学读书的大四男生小于也有同样的遭遇。他在手臂上文了一头“黑豹”，结果这头“黑豹”却毁了他一份外企工作的录用通知。

最近上海许多美容美发院的生意出奇地好。许多学生模样的人前来消除文身，或是将自己原先的一头五彩斑斓的头发染回黑色，原因大都是为找工作。(原载 2005 年 5 月 28 日《新闻晚报》)

二、最好的介绍信

一位先生登报招聘一名办公室勤杂工，约有 50 多人前来应聘。这位先生从中挑选了一位青年。他的一位朋友问：“你为何喜欢那个青年，他既没有带一封介绍信，也没有任何人推荐。”

“你错了，”这位先生说：“他带来了许多介绍信。他在门口擦掉了鞋底上的泥，进门后随手关上了门，说明他做事小心仔细。当他看到那位残疾老人时，就立即起身让座，表明他心地善良、体贴别人。进了办公室，他先脱去帽子，回答我的提问时干脆果断，证明他既懂礼貌又有教养。其他所有人都从我故意放在地板上的那本书上迈过去，而他却俯身拣起书，并把它放到桌子上。他衣着整洁，头发梳得整整齐齐，指甲修得干干净净。难道你不认为这些就是最好的介绍信吗？”

第五章　交际礼仪

讲究礼仪，注重礼貌，遵守一定的礼仪规范，已成为文明社会生活的一项重要标志。涉世不深的青年朋友希望顺利地步入社交圈，开拓一片新天地。但怎样才能顺利地步入社交圈，在社交活动中如鱼得水，得心应手，左右逢源，广交朋友呢？这就需要了解见面礼仪等基本的社交礼仪，以便尽快在社交活动中取得成功。

第一节　怎样与同学交往

一、一般交往礼仪

同学之间相处，不论自己与对方关系如何，均应对其表现出应有的尊重，并且以礼相待、以诚待人、与人为善。对待同学要态度谦虚随和，不要狂傲自满，拒人于千里之外。要团结同学、互相帮助、共同进步、理解宽容。不能无事生非、心胸狭隘、语言粗俗。忌打听别人的隐私。

去同学家串门，要礼貌称呼其家人，对其父母应称“伯父”、“伯母”、“叔叔”、“阿姨”，对于同学的其他亲属，可以随同学的称呼而称呼。在同学家做客，不能乱翻东西，也不要停留时间过长，以免给对方添麻烦。

二、异性交往礼仪

男女同学交往时，应该坦然相处、大大方方，不必顾虑重重、躲躲闪闪。一般情况下，男生比女生力气大，因而在体力劳动等方面，男生应主动关心、帮助和照顾女生。异性之间串门，要事先预约，进门前应先敲门，获得允许后，方可入内。

异性间要注意举止得体、彬彬有礼、文雅大方，不要过于随便或粗俗，男生不要对女生凑得太近或用手随意触碰。男生或女生背后议论或贬低对方，或给对方的长相、身材、性格打分都是不礼貌的行为，极易伤害同学的自尊心，从而妨害异性同学间的友谊。

学生时代，不宜早恋。但在拒绝同学的追求时，采取的措施要文明、要有分寸，不可讥笑对方，更不可公开异性的求爱信，伤害对方的自尊心。

第二节　怎样与老师交往

一、学生尊师礼仪

教师是辛勤的园丁，肩负着教书育人的责任，除了要认真备课、辅导学生、批改作业，还要广泛查阅资料，进行科学研究。所以，教师上课时，学生应主动帮教师擦黑板、打开水等；课后，应根据需要帮助教师整理实验室等。当教师生病或发生意外时，应及时前去看望和慰问。师生之间的交往重在真诚，应保持师生情意，而不能演变成庸俗关系。

二、学生请教礼仪

学生有问题需要请教教师时，应讲究请教礼仪，如主动请教师落座。若教师不坐，学生应该和教师一起站着说话。只有等教师坐下，并请学生坐，学生方可坐下与教师说话。学生无论是站着还是坐着，都应姿势端正，不可东张西望、抓头摸耳、抖腿搁脚。学生与教师交谈时应双目凝视教师，认真地听教师说话。如果学生对教师说的话感到不理解或无法接受，并有不同看法时，可不必隐瞒，应谦虚而诚恳地向教师请教，直到弄明白为止。

三、学生进办公室礼仪

学生进教师办公室要讲究有关礼仪，注意仪表、仪态及着装。进门前，要有礼貌地轻轻敲门，在征得教师同意后方可进入。学生进入办公室后要向在场的教师问好，未经教师邀请不可随意坐下，而应站着聆听教师讲话。如要找的教师不在，应礼貌地询问一下办公室的其他教师，可根据情况说明自己的姓名或所在班级，有什么事，何时再联系等，然后告辞。

四、学生拜访教师礼仪

学生去教师家拜访，不论是咨询知识、祝贺节日、探望患病教师，还是请教师帮助排难解疑等，都要事先通知教师，以免吃“闭门羹”，或弄得教师措手不及。拜访老师时要做到服饰整洁，按时到达。进门后，称呼要得体。如在场的人多，又不熟悉，则可泛泛问候“大家好”。当教师或其家人递茶水时，应起立双手接过，并道谢。当有新客人来访且教师作了介绍时，应主动起立招呼、问候，若发现因自己在场有所不便或拜访时间已经不短时，应马上告辞。告辞时，若老师相送，应请教师留步。如果因故学生不能赴约，一定要设法提前通知，以免教师等候与牵挂。

第三节　怎样与朋友交往

结交天下俊杰，架起友谊桥梁，沟通人情渠道，扩大信息来源，成为现代生活不可缺少的一部分。但是，人海茫茫，个人活动的时空有限，怎样才能找到和结交称心如意的朋友呢？

一、选交志同道合的朋友

俗话说：“物以类聚，人以群分。”一些青年朋友认为交友难，其实，只要你留意，朋友就在你身边。因为除了家庭成员外，平时接触最多的是同学、同事。大家相互了解，知根知底。当然，彼此熟悉，并不一定就能成为朋友。但是，了解却是交友的前提。在知人的基础上，可以有选择地结交志同道合的朋友。

笔者在大学教书，朋友中多数是教育界同仁和报刊、出版社编辑。在武汉有不少挚友，在外地乃至国外也有“铁哥们”。怎样和天南地北的文人学士结交朋友呢？这里仅略述笔者和山东大学蔡德贵教授交友的经过，供青年朋友参考。

1992 年，在上海外国语大学主办的“中东文化与中东问题讨论会”上，笔者和蔡先生初次相遇。由于两人有共同的爱好，因而谈得很投机。我们从研究阿拉伯文化谈到留学埃及，双方的志趣与经历均有许多相似之处。分别之后，一直保持联络，互相切磋学术，交流信息。1993 年，我们在杭州参加“阿拉伯与伊斯兰文化研讨会”时再次相遇，双方更加深了相互间的了解。俩人彼此尊重，互相关心，格外珍惜这份友谊，后来更以实际行动支持对方。1994 年，湖北省外国文学学会和武汉大学出版社为笔者翻译的利比亚小说集举行研讨会，蔡先生在百忙中为大会寄来热情洋溢的书面发言；1996 年，蔡先生在济南主持召开阿拉伯哲学研讨会，笔者为大会发去贺电。2005 年，蔡先生应笔者的邀请来武汉大学进行学术交流，他的精彩演讲受到学生的欢迎和好评。此外，蔡先生积极为笔者主编的辞典撰稿，笔者乐意为他挂帅的科研项目译文……笔者和蔡先生的友谊在真诚的交往中不断加深，肝胆相照，情同手足。

二、慎交异性朋友

作为一名现代青年，与异性交往是很正常的。在学校和单位，异性间的正常交往是不可避免的，大家在一起讨论问题、商量工作是常有的事。青年男女在学习、工作中交往，彼此以礼相待，互相配合，逐渐建立良好的关系。而一些意气相投的青年男女经常来往，关系日趋密切，成为互相信任的朋友。

生活中，不少互相信赖的男女青年作为普通朋友，长期保持着纯真的友谊。也有一些青年对对方由好感转为爱情，此时，不妨直接地或间接地提出来，如果对方赞成，双方就可以深入交往；对方若不愿意，不要纠缠，不要强人所难，强扭的瓜不甜。不同意深入交往的一方，则应以婉转的语气明确表明自己的态度，不要模棱两可。无论是自己熟悉的异性，还是别人介绍的对象，欲与对方建立恋爱关系时，均要讲究方式。例如马克思向燕妮求爱时说："我已经看中了一位姑娘，她的照片就在小匣子里，你想看看吗?"燕妮打开小匣子后，发现里面放着一面镜子，镜子照见自己美丽的面庞。这种求爱方式是多么绝妙啊!

男女青年情投意合，建立恋爱关系。双方要特别注意自己的形象，尽量保持轻松、愉快的心情。谈恋爱时，男青年不必过分拘谨或粗野，女青年也不要过分矜持和随便。

在现代文明社会，男女婚后仍可与异性交往，夫妻双方都应持开明的态度，互相理解。但是，婚后与其他异性交往与婚前应有所区别，要掌握好分寸，不要超出友谊的界限。

三、善交有真才实学的名人朋友

常言道："三百六十行，行行出状元。"的确，各行各业都有佼佼者，其中部分出类拔萃者成为名人，因而受人尊敬和羡慕。善交有真才实学的名人朋友，可以使自己受益匪浅。

笔者的朋友利比亚文豪阿里·米斯拉提才华横溢，著作等身，在阿拉伯世界和欧洲享有盛誉，其优秀作品被翻译成英文、俄文、德文、法文、日文等多种文字。笔者钦佩这位在利比亚文学、史学、新闻等领域均做出重要贡献的文化名人，并希望能有机会结识他。

1987 年，笔者在参加利比亚历史所举办的一次学术活动中，见到了米斯拉提教授，并与米斯拉提教授进行了面谈。笔者见到米斯拉提教授后，首先作了自我介绍，并礼貌地提出采访他的愿望，米斯拉提欣然应允。之后，我们相约会晤，畅谈中国人民和阿拉伯人民的传统友谊，笔者向米斯拉提教授介绍了中国在世界史方面的研究，并一起讨论中国文学、利比亚现代文学的发展，其中也谈及他的小说的艺术特色……我们在相互了解的基础上建立了信任和友谊，后来成为忘年交。笔者在利比亚期间，米斯拉提教授还主动牵线搭桥，安排笔者会晤其他利比亚文化界名流。其中不少人后来成为笔者的挚友。

回国后，笔者和米斯拉提先生天各一方，两人之间通过书信、电话传递友谊，交流信息。如果说信件是联系友谊的纽带，贺年片是保持友谊的环节，那么，脚踏实地，在工作和学习中不断充实自己，多干实事，则是发展友谊的推进器。

20 世纪 80 年代，鉴于中国利比亚文学译介工作尚处于垦荒阶段，笔者利用业余时间著书译文，将利比亚重要作家的代表作介绍到中国。这样做，一方面使中国读者得以欣赏利比亚文学作品；另一方面，当利比亚朋友看到其作品被译成中文时，其激动的心情可想而知。每当笔者收到他们寄来的一封封字里行间流动着欢欣与友情的信件、一本本富有价值的新作时，笔者的心情也异常激动。这种情谊在中国与利比亚文化交流中得到升华。

第四节　怎样与上级交往

一、尊敬上级

在工作中，下级服从上级，是基本的原则。下级尊敬上级，不仅表现在口头上，而且体现在行动中。上级布置工作时，下级要认真聆听，对上级的正确指示要坚决执行，对上级布置的任务要努力完成。在执行过程中，适时向领导请示，完成任务后，及时向领导汇报。切忌把上级的指示当做耳旁风，或视为儿戏。在工作中有令不行，或敷衍领导，办事拖拖拉拉，不仅对工作不利，也会降低自己在领导心目中的地位。

二、讲究方式

领导者有时对一些问题考虑不周，工作难免会有不当之处。作为下属，此时不要借机显示自己能干，“喧宾夺主”，当众指出上级的错误。而应当讲究工作方式，个别找领导交换意见，坦陈自己经过深思熟虑的看法，供领导参考。这样做，对改进工作更有利。

三、注意小节

下级有事找领导人，应先轻轻敲门，经允许后方可进入。若非紧急公务，正逢领导开会，应有礼貌地等候或另择时间。向领导汇报工作，应实事求是，简明扼要，切忌罗嗦。未经领导许可，不要随便翻阅领导办公桌上的文件。

上级领导来部门检查工作时，下级员工如果坐在椅子上，应起身迎送。此外，作为下级，不要在背后对领导说三道四。

第五节　怎样与同事交往

同事关系是指同一组织中平级工作人员之间因工作而产生

的关系，通常具有稳定性。长期共处一室的同事应当讲究同事关系礼仪，彼此尊重，互相帮助，一视同仁，以便建立与保持和谐的同事关系。

一、彼此尊重

俗话说："同船共渡，八百年修行。"大家从四面八方走进同一个单位，自然也算有缘分。长年累月在一个单位共事，彼此比较熟悉，从对方的喜怒哀乐到爱憎，几乎无所不知。在这种情况下，同事间更应该彼此尊重，以诚相待，但不可揭别人的隐私，更不要东家长，西家短，搬弄是非。向取得成绩的同事表示热烈祝贺；对遇到不幸的同事深表同情，切不可幸灾乐祸。

二、互相帮助

在一个单位共事的同事，在工作中既有分工又有合作。不论是份内事还是份外事，同事之间要互相支持，互相帮助，同心协力把工作搞好。遇到困难时，彼此鼎力相助；当有需要时，彼此互相支持，携手并肩，共同走向成功。

三、一视同仁

俗话说："十个手指不一样长。"虽然同事们的工作水平参差不齐，但每个人在人格上都是平等的。因此，同事间切忌意气用事，不要与少数人过分亲密而形成一个小圈子，导致疏远其他同事，造成不必要的隔阂。同事间应一视同仁，提倡"淡如水"的"君子之交"，以便长期保持和谐的同事关系。

第六节　怎样与下级交往

一、任人唯贤

作为领导者，不仅应长于科学决策，而且要努力做到知人善任。上级要了解部下的经历、素质、脾气、性格、作风，了解部下的长处与弱点，用其所长，避其所短，量才使用，调动其积极性，充分发挥其聪明才智。

作为领导者，要尽量避免感情用事，做到任人唯贤，而不要任人唯亲。对下属，不要亲者近，远者疏，而应当从工作出发，一视同仁，唯人才是举，提拔、重用有才干的下属，放手让下级大胆工作。领导者应礼贤下士，不委屈勤恳工作的职员，不怠慢具有开拓精神的员工，不排挤德才兼备的功臣。此外，领导者不仅要会用人，还要为下属着想，关心他们的疾苦，为他们排忧解难，帮助他们不断进步。

二、言而有信

作为领导者，讲话要谨慎，言而有信，说话算数，做到言必行，行必果。不要信口开河，更不要随便封官许愿。工作中切忌用官话训人，用大话吓人，用假话哄人。对下属承诺的事，应当认真地去兑现，若遇特殊情况一时解决不了，则应坦诚说明原因。一位不放“空炮、哑炮”的领导人，才会有威信，才有可能赢得部下的信赖；反之，就会失去在下属中的威信。

三、宽宏大量

俗话说："将军额头上能跑马，宰相肚里能撑船。"作为领导者，应当严于律己，宽以待人，对下属不要横挑鼻子竖挑眼，而应当多看部下的优点，对做出成绩的下属要予以表扬和奖励，而不能嫉妒或贬低。

四、平易近人

领导者应当尊重和爱护部下，不要专横傲慢，对下属颐指气使、呼来唤去。对心直口快、敢于提意见的下属，应持欢迎的态度。虚怀若谷者比盛气凌人者更容易与群众打成一片，从而带领下属创造新业绩。

第七节　社交禁忌

在社交活动中，不仅要了解应当怎样做，还要知道哪些事不能做，这些不能做的事情，便是社交中的禁忌。

一、忌开玩笑过度和随便发怒

(一)忌开玩笑过度

朋友、熟人之间适当开开玩笑，可以活跃气氛，融洽关系，增进友谊。但开玩笑要适度，要因人、因时、因环境、因内容而定。

1. 开玩笑要看对象

俗话说："人上一百，形形色色。"人的性格不同。和宽容大度的人开点玩笑，或许可调节气氛；和女同学、女同事开玩笑，则要适可而止。

2. 开玩笑要看时间

俗话说："人逢喜事精神爽。"开玩笑，最好选择在对方心情舒畅时，或者当对方因小事生气时，通过开玩笑把对方的情绪扭转过来。

3. 开玩笑要看场合、环境

在图书馆、医院等要求保持肃静的场合，不要开玩笑；在治丧等悲哀的气氛中，不宜开玩笑。

4. 开玩笑要注意内容

开玩笑时，一定要注意内容健康，风趣幽默，情调高雅。在社交活动中，忌开庸俗的玩笑。千万不要拿别人的生理缺陷开玩笑，例如不能以残疾人的生理缺陷取笑。

（二）忌随便发怒

在社交活动中，人们都愿意和性格豪爽、为人真诚的人交往。在社交场合，不是原则问题，不要争得面红耳赤，不要为一些鸡毛蒜皮的小事生气，或勃然大怒，甚至翻脸。俗话说"气大伤身"，发怒不仅会伤身，对自己的形象也有不良的影响。动不动就生气的人，会失去朋友。在社交活动中要表现出有气量、有涵养。

二、忌恶语伤人和飞短流长

（一）忌恶语伤人

所谓恶语是指那些肮脏污秽、奚落挖苦、刻薄侮辱一类的语言。口出恶语，不但伤人，而且有损自身形象。

俗话说："良言一句三冬暖，恶语伤人六月寒。"因此，在社交活动中，应当尊重他人，温文尔雅，讲究语言美，而不要自以为是，出言不逊，恶语伤人。

(二) 忌飞短流长

在社交活动中，应以诚待人，宽以待人。要与人为善，不要打听、干涉别人的隐私，或评论他人的是是非非。不要无事生非，捕风捉影，也不要东家长，西家短，更不要传播小道消息。说话要有事实根据，不能听风就是雨，随波逐流。

三、忌言而无信和忘恩负义

(一) 忌言而无信

社交活动中，最重视一个"信"字，忌言而无信。言而有信者，会得到大家的尊重；言而无信者，会失去大家的信任。在社交场合中，说话要算话，不要食言，要言而有信，行而有果。

(二) 忌忘恩负义

俗话说："滴水之恩，当涌泉相报。"中国人一贯讲究知恩图报。当你有困难时，别人帮助过你，不应忘记，有机会时要报答别人的恩情，千万不要忘恩负义，更不能恩将仇报，否则的话，再没有人愿意向你伸出援助之手。

四、忌衣冠不整和不尊重妇女

(一) 忌衣冠不整

俗话说："人不可貌相，海水不可斗量。"但在现实生活中，以貌取人，以衣取人的情况时有发生。因此，参加社交活动时要衣冠整洁，以便给人良好的印象。

（二）忌不尊重妇女

尊重妇女，是每一位有教养的男士应具有的品格和风度。

在社交场合，男士应尊重女士，照顾女士，时时处处遵守“女士优先”的原则。若在社交场合摆大男子汉的架子，不给女士应有的尊重，或当女士需要帮助时视而不见或袖手旁观，自然会受到众人的批评。

思考题

1. 如何理解“君子之交淡如水”？
2. 怎样和同学交往？
3. 怎样和下级相处？

附交往实例二则

一、伟人的友谊

——马克思与恩格斯的故事

列宁曾说，马克思和恩格斯的友谊“超过了古人关于友谊的一切动人的传说”。马克思和恩格斯虽然都有独立的个性，但在思想、感情和志向上却犹如一个人，他们的思想和行动几乎完全融合在一起。正是因为他们具有惊人的个性倾向相似性，所以才可能产生深刻的理解，并在长达40年的共同战斗中结下了深厚的友谊。他俩在知识才能上互相帮助，性格特征上互有补益。从性格的特征来看，恩格斯十分敏锐，“机灵得出奇”；马克思观察事物则十分精细，分析深入透彻，穷根究底。从性格的情绪特征来看，马克思性格内向，治学、办事十分谨慎、持重，从不谈出自己未深思熟虑的意见。同马克思比较，恩格斯性格外向，办事、治学雷厉风行。恩格斯敏锐、机灵的性格帮助马克思迅速地捕捉到各种新思想、新事物，而马克思的精细观察、穷根究底，分析透彻又使恩格斯的认识得以不断深入。恩格斯雷厉风行的作风促使马克思创造精神产品的时速得以加快，而其外向、善交际的性格又帮助马克思解决了生活、交际方面的许多难题，使马克思在逆境中终于完成了宏篇巨著。而马克思的谨慎持重对恩格斯也产生了积极的影响，使其论著更加严谨，无懈可击。

二、细心的职员

一天中午，突然听到一名员工大声叫喊：“办公室里的冰箱坏了，带便当的同仁先看看自己的便当坏了没有，然后再送去蒸。”从那天起，每位员工都知道冰箱坏了。过了一个星期，刚好有外宾来，陈秘书要拿饮料招待客人，他一打开冰箱就闻到一股臭味，于是大声问道：“冰箱坏了，是谁的东西没有清掉？”但他却没有清理掉已经变质的东西。在此后的一段时间，冰箱成了办公室的废物，谁也不碰。直到有一天林主任从外面回来，打算把带回来慰劳加班员工的水果存放在冰箱里时，才发现冰箱已经坏了，从冰箱里传出阵阵恶臭。于是，他动手把冰箱里里外外进行了清理。林主任想，冰箱买了还不到半年时间，怎么会坏呢？他仔细查看后才发现冰箱并没有坏，只是插头松了。

问题解决了，同时也给员工带来反思。

光说不做是管理上的一大禁忌。在办公室，只会动嘴却不动手的人，是不受欢迎的人。

第六章　聚会礼仪

第一节　待客礼仪

礼貌待客是中华民族的传统美德。“有朋自远方来，不亦乐乎!”孔子的这句名言，千百年来一直被好客的国人所传诵。

邀请亲朋好友到家里做客，最好事先做些准备，诸如整理房间，备点水果、饮料等。客人应邀而至时，主人应该起身迎接，或提前到门口等候。

把客人迎进屋后，安排客人就座。给客人端茶时，应用双手，一手抓住杯耳，一手托住杯底。夏天天气炎热，主人可为客人打开电扇或空调，也可递一把扇子，以消暑气。

主人与客人交谈时，态度要诚恳，要一心一意，不要三心二意，不要频繁地出出进进，更不要总是看表，或打哈欠，以免对方误解是在下逐客令。

当客人提出告辞时，主人可诚意挽留。或主随客便，等客人起身后自己再起身相送。送客时，请客人走在前面。快到门口时，主人应上前替客人把门打开，让客人先出门。如果送客人乘电梯，主人应当等电梯关门后再离开。对年长的客人或长辈，主人住在楼上则应送到楼下，再握手道别，目送客人离去。

如果来客不是自己的客人，而是父母或兄妹的朋友等，也应该热情接待。不要因为不认识而态度冷淡，相反，要帮助家人招待好客人。

如为客人倒茶水，然后再去继续做自己的事。善待自己和家人的朋友，不仅能使自己有广泛的交往，还会由此加强家人之间的情感交流，反之则会使亲友疏远。好客并讲究待客礼仪的家庭，朋友会多，亲戚会越走越亲。

第二节　馈赠礼仪

送礼是人之常情，礼品是感情的物化。送礼应选择恰当的时机、合适的礼品，此外，还应当讲究馈赠礼仪。

一、选择时机

送礼是人之常情，也是人际交往的一种重要形式，人们通过送礼表达心意。送礼要掌握好时机，见机行事。逢年过节，亲友间你来我往，互赠礼品，以联络感情；同学、同事过生日或乔迁新居时，送去一份礼品，以示祝贺；接受别人帮助后，适时送一些礼物，表达感激之情；探望生病住院的友人时，送上些水果、营养品或一束鲜花(需要注意的是，有的人对鲜花过敏)等，以示关心；应邀作客时，给主人带份礼物，以表敬意。此外，给即将出远门的老乡送点旅途用品，以及给生活困难的亲友必要的接济等。总之，送礼应见机行事，合乎情理，彼此会觉得正常、自然和心安理得，而不要盲目地、无缘无故地送礼。否则，自己破费了不说，还让受礼人感到突然和莫名其妙。

送礼贵在及时，要“雪中送炭”，送在“节骨眼上”，而不要“雨后送伞”。譬如，一位好友的生日过了几天后，方才想起应送一份贺礼。此时，事过境迁，再送贺礼缺乏底蕴与情趣，倒不如另择时机，聊表心意。

二、选择礼品

王先生和李小姐不久前喜结良缘。可在大喜的日子里，他俩却有点犯愁。原来亲朋好友送来的贺礼中，多数是电饭煲。看着一大排电饭煲，王先生和李小姐不知如何处理才好。由此看来，送礼应当选择礼品。

送礼的对象多种多样，由于每个人的阅历、爱好不同，故而对物品的喜欢也不尽相同。因此，送礼若想博得对方的“欢心”，就需要了解对方的爱好，“投其所好”，选送给对方钟爱的物品。例如，给书法爱好者送一套文房四宝——纸、墨、笔、砚或一方名砚；给酷爱垂钓者送一副渔具或一根钓竿；给乒乓球爱好者送一件运动衣或一对乒乓球拍；给喜欢“吞云吐雾”的烟民送一条好烟或一个精制的打火机……

送礼应讲究针对性，因人而异。例如，给腿脚不灵的老人送一根雕刻精美的手杖；给天真活泼的儿童送一盒智力玩具或学习用品；给恋人送一枚雅致的叶脉书签；给丈夫送一条漂亮的领带；给妻子送一条美丽的围巾等。给家境宽裕者送礼，宜讲究礼品的艺术性，给经济拮据者送礼，则应注重礼品的实用性，如送食物、衣料等实惠的东西。

常言说："千里送鹅毛，礼轻情义重。"送礼贵在情真意切，送礼者往往受自身经济条件的限制，切不可"打肿脸充胖子"，送礼应量力而行，尽可能选择新颖、别致、稀奇的礼品，不落俗套，而不必一味追求贵重的礼品。此外，赠送的礼品应避免雷同。前面提到的新婚贺礼一大排电饭锅，就不尽如人意。其实，送一个典雅的床罩或一套高级茶具或一张纯棉桌布作贺礼，也未尝不可。倘若与受礼人关系很好，不妨打听一下新房还缺什么，以便选购奉上，满足对方的需要。甚至可以邀他（她）一起去商场购买中意的物品，效果也许更佳。

三、馈赠礼仪

送礼要选择恰当的时机，准备合适的礼品。此外，还应讲究送礼礼仪。

1. 送礼礼仪

选购好礼物后，可请售货员帮忙包装好。礼品上若有价格标签，送人前应取下标签。若是自己制作的礼品，最好用专用的礼品纸包好，然后用彩带系成花结。经过精心包装的礼品看起来更精美，也显示出送礼人的深情厚意。

送礼一般由送礼人当面送给受礼人，通常在刚见面时或临分手之前送上。送礼时要热情大方，礼貌地用双手或右手把礼品交给受礼人，同时讲几句表达心意的话。送礼时切忌摆出一副救世主的面孔，仿佛施舍于人，会令受礼人一肚子不痛快，进而产生抵触情绪；当然也不要畏畏缩缩或表现出无可奈何、不得已而为之的样子；更不要到处宣扬送礼事宜，使受礼人产生不快甚至精神上的压力。

作为受礼人，双手接过礼品时要表达谢意，而不要显得无动于衷。即使收到的礼品不称心，也不能表露在脸上。作为受礼人，应重视别人的情意，而不必太在乎礼物的价值和功能。

接受别人馈赠后，除了办丧事等特殊情况，接受赠礼后不宜立即还礼外，一般都要尽快还礼，或待适当时机给予回赠，以加强交流，增进情谊。“礼尚往来”是中国人民世代相传的传统美德，值得继承和发扬光大。

2. 送花礼仪

花是大自然的精灵，美的化身。五颜六色、香气四溢的鲜花，不仅让人们赏心悦目，心旷神怡，而且成为人们联络感情、交流思想的使者。

花，千姿百态，习性各异。人们根据花卉各自的特征，赋予其一种象征意义，进而用花来表达自己的思想、感情和语言，通过赠送鲜花传情达意。人们把这一方式称为“花语”。例如，玫瑰花表示爱情，秋海棠表示友谊，白色百合花和丁香表示纯洁，水仙花则意味着冷酷无情。

随着人们生活水平的不断提高，人们在交流中越来越多地用花来表达自己的思想、感情。因此，需要了解赠送花卉的礼仪常识。

（一）花语

1. 玫瑰——求爱、初恋、爱情、爱与美

红色玫瑰：热情、热爱

粉红色玫瑰：初恋、浪漫

白色玫瑰：纯洁

2. 康乃馨——母亲，我爱您；健康长寿、热情、真情

红色康乃馨：相信你的爱

粉红色康乃馨：热爱、亮丽

白色康乃馨：我爱永在、真情、纯洁

3. 百合——顺利、心想事成、百年好合、祝福

香水百合：纯洁、文静、高贵、婚礼的祝福

白色百合：庄严、心心相印

4. 天堂鸟——大鹏展翅、自由、幸福、快乐、热恋中的情人

5. 满天星——关怀、淡泊名利、清纯、高雅(主要用于配花)

6. 非洲菊——热情、大方、坚强

7. 勿忘我——永恒、真挚

8. 并蒂莲——夫妻恩爱、吉祥如意

9. 郁金香——爱情、胜利、祝福

红色郁金香：爱的宣言

粉红色郁金香：热恋、幸福

黄色郁金香：珍重、财富

紫色郁金香：忠贞、最爱

10. 剑兰——生活美满、步步高升、健康安宁

11. 红掌——大展宏图、热情、奔放

12. 向日葵——光明、忠诚、爱慕、活力

13. 牡丹花——高贵、美丽、繁荣、昌盛

(二)送花的艺术

1. 为老人贺寿，一般选送百合花、长寿花、万年青等鲜花，祝贺老人健康长寿。如果为老人举办寿辰庆典，为表示隆重、喜庆，可送玫瑰花篮。也可以根据老人的喜好进行选择、

搭配。

2. 为中青年人祝贺生日，可以选送百合花、一品红、石榴花等鲜花，表示火红年华和前程似锦。

3. 祝贺热恋中的青年男女或朋友新婚，可选送玫瑰花、郁金香、天堂鸟、百合花、并蒂莲、非洲菊等，还可以送花篮，表示热烈吉庆，象征新婚夫妇幸福美好、白头偕老。

4. 探视病人，最好选择香味清淡的鲜花，如兰花、马蹄莲、水仙花等，不易选择颜色太艳、香味太浓的花。对容易过敏的病人不易送花。建议不要给病人选送盆花，以免误会成"久病生根"。

5. 春节时，可以选择表示吉祥、喜庆、欢乐、富贵寓意的玫瑰、剑兰、水仙、百合、天堂鸟等鲜花送给亲友。

6. 母亲节来临时，可选择康乃馨或香水百合、玫瑰等鲜花献给母亲。

7. 父亲节来临时，可选择表示威严意味的百合或飞燕草、剑兰等鲜花献给父亲。

(三)送花的禁忌

送花要因人、因场合而异。要了解地区、国家、民族不同的送花习俗。

桃花含有红火之意，如果给中国南方和港澳台地区的生意人送花最好送桃花，而不要送梅花和茉莉花。因为，梅花的"梅"字和"霉"发音相同，茉莉花的"茉莉"两字和"没利"相同，被认为不吉利。

在中国的广州、香港地区，探望病人的时候，要避免送剑兰，因剑兰和"见难"发音相近。

第三节 舞会礼仪

舞会与沙龙是富有特色的社交场合。人们可以在优美的乐曲声中相互认识，也可以在浓厚的学术气氛中结为文友。但无论在舞会、沙龙还是其他社交场合，都不要触犯交往禁忌。

舞会是人们喜欢的社交场所。参加舞会，不仅可以广交朋友，沟通信息，还可以陶冶性情，锻炼身体。参加舞会是一种集交往与娱乐为一体的社交活动。

一、舞会的组织

1. 举办舞会要选好时间、地点。

舞会一般在节假日、周末举行，时间最好是晚 8 点到 12 点以前。舞场应选择交通比较方便、场所比较宽敞的地点。

2. 做好舞会准备工作。

举办舞会应事先准备好场内设施，如灯光、音响、磁带等；装饰好花纸、彩带；地板宜光滑，可以酌情上蜡或撒滑石粉；备好饮料、点心、水果、干果；备好椅子等。举办大型舞会要选好主持人、歌手乐手。

3. 舞会准备停当后，要及时出通知或发请柬，以便参加者有所准备。

二、参加舞会的礼仪

参加舞会者要了解和遵循下列舞会礼仪：

1. 容貌整洁。

参加舞会者赴会前，要整理好自己的容貌。无论男士或女士，都应洗净脸和手，梳理好头发。

2．服饰适宜。

女士服装一般以亮色为主，既色彩明快又美观醒目，还可配以合适的饰物。除了色彩外，衣服要合身、轻便，亦可根据环境、季节，选择合适的服饰。

男士一般西装革履，也可穿较随意的衣服。参加隆重的舞会除穿西装革履，还可穿燕尾服。参加舞会的男士和女士，衣服都不宜过肥和过瘦，因为服装过松和过紧，都会影响舞姿和舞步。参加舞会者宜穿皮鞋，而不要穿凉鞋、拖鞋或运动鞋。参加室内舞会不可戴墨镜。

3．讲究公德。

参加舞会者当天最好不要吃葱、蒜、韭菜、萝卜干等带刺激气味的食品，以免影响同与会者的交往与交流。

参加舞会要自觉维护舞场卫生，不要在舞场内吸烟、喝酒，不要乱扔果皮、纸屑等。

三、邀舞礼仪

在舞会上，一般都是男士主动邀请女士跳舞，女士也可以邀请男士共舞。请人跳舞应讲究以下礼仪：

1．选择舞伴。

单独前往舞会的男士，首先选择的舞伴应该是没有男士相伴的女士。待三支舞曲过后，才可以邀请有男友相伴的女士。

选择舞伴时应考虑年龄、身材、气质等，宜找舞技水平相近者。选择舞伴不必局限于少数几个人，最好少请热恋中的情侣的一方为舞伴，更不要争相邀请一两位时髦、漂亮的女士。

2. 邀舞礼仪。

当舞曲声起时，男士步履庄重地走到事先选好的女士面前，右手前伸，略弯腰鞠躬，含笑点头致意，然后轻声说："请您跳个舞，可以吗？"

倘若被邀请的女士有男友在场，应先有礼貌地征得其男友的同意，得到允诺后再邀请他的女友。

对于新结识的女伴，不要拉着她的手将其导入舞池，而应或前或后相伴步入舞池。

邀舞时一旦遭到女方拒绝，不要生气和灰心，只需稍稍退后一步，说一声"对不起"，便可转身离开另找舞伴。

在舞场，切忌叼着香烟请人跳舞。一曲完毕，男士应向女士道谢，并把女士送回到原来的座位。女士落座后，男士应再次道谢，女士也应含笑答礼。

3. 拒邀礼仪。

一般说来，被邀请者最好不要谢绝对方的邀请。如果决定谢绝，可以含笑婉言说明原因，如说："对不起，我不会跳这种舞。"或者说："请原谅，我想休息一下。"如果事先已答应和别人共舞，此时又有人前来邀请，这时不妨明说："已有人邀舞了，请等下一曲吧。"

当女士在一曲开始时已谢绝了某人的邀请，此曲未终时，暂不要同别的男士共舞，以免前者心里不痛快。

拒绝别人邀请时，应表情亲切，态度和蔼，切不可板着脸拒绝，更不要恶语相加。

例如：在一个周末舞会上，一位妙龄少女不仅相貌出众，而且舞姿优美，令许多男青年为之倾倒，其中有一位修养较差的男士对其纠缠不清，频频与这位少女搭讪。

男：我好像在哪儿见过您，您贵姓？

女：我姓我父亲的姓。

男：那么，您的父亲姓什么呢？

女：当然姓我祖父的姓了。

男：您做什么工作的？

女：干四个现代化的。

男：你家住在哪里？

女：地球上。

男：您家有几口人？

女：和我家的自行车一样多。

男：那么，你家有几辆自行车？

女：每人一辆。

这位聪明的美貌少女针对轻薄男子别有用心的提问，巧妙应答，既不失礼，又让他一无所获。

四、跳舞时应具有的风度

风度是一个人的言谈、举止、气质和作风等方面的综合表现。

跳舞的风度，主要是指人在跳舞时的姿态和表情。在舞会上，男士应表现出绅士风度，女士则应展现淑女风采。一般要求如下：

1. 男士与女士共舞时，男士的右手掌心向下，以大拇指的背面轻轻地将女士的腰肢挽住，左手使左臂以弧形向上与肩部呈水平线举起，掌心向上，拇指平展，只将女伴的右掌轻轻托住。女士的左手应轻轻地放在男士的右肩上，右手轻轻地搭在男士的左手上。男士不要强拉硬拽，女士不挂、扑、靠、扭。

2. 跳交谊舞时，舞姿要端庄、大方，整个身体应保持平、正、直、稳。无论前进、后退还是旋转，都要掌握好身体重心。

3. 在舞场上，男女双方身体应保持一掌左右的间距，不要紧紧地搂抱在一起。女士用双手搂住男士的脖子跳舞，也不大雅观。

4. 跳舞时神情要轻松，自然，说话要和气，不要粗声粗气。

5. 当舞场上人多拥挤时，一对舞伴可以采取碎步慢舞，待他人走过去之后，再放开舞步。

6. 青年男女跳迪斯科、霹雳舞、太空舞等舞蹈时，舞姿可以更加自由、放松、随意。

第四节　沙龙礼仪

一、沙龙的含义及类型

（一）沙龙的含义

“沙龙”是法语 SALON 的音译，原文意译为“会客室、客厅”。

从 17 世纪起，西欧一些贵族和部分知名人士常常聚集在某些私人客厅，谈论文学、艺术和政治问题等。实际上，这是一种社交聚会的形式。久而久之，沙龙逐渐成为社交集会的一个代名词。

（二）沙龙的类型

根据沙龙的主旨和出席者，沙龙可大致分为以下5种类型：

1. 社交性沙龙。由比较熟识的朋友、同事结成的定期或不定期的社交聚会，大家聚集在某人家里或某些相对固定的场所，互相交流信息等。

2. 学术性沙龙。由职业、志趣相同或相近的知识分子组成的沙龙，旨在探讨学术或理论问题。

3. 文艺性沙龙。由文艺界人士和文艺爱好者组成的沙龙，旨在相聚娱乐。

4. 联谊性沙龙。由某一行业或各界人士代表参加的沙龙，旨在增进了解和友谊。

5. 综合性沙龙。参加人数较多和活动内容比较丰富的大型社交聚会。

二、举办沙龙的条件

举办沙龙，一般应具备下列三个条件：

1. 有一个比较宽敞的场所，以便大家聚会和进行交流。例如有一个大的客厅或会议厅，或者使用一块空草坪等。

2. 沙龙的召集者和主办人应具有较高的威望和一定的表达能力，方能吸引大家来参加，并妥善地主持沙龙。

3. 沙龙组织者应准备足够的座位和饮料等，以便款待来宾。

三、参加沙龙的要求

沙龙是一种重要的社交活动，要求每个参加者都注重礼仪。总的要求是：(1) 衣着整洁；(2) 按时出席；(3) 谈吐文雅。

此外，参加不同性质的沙龙，具体要求也有所不同。例如，参加学术性沙龙，事前对该沙龙讨论的主题要有所了解。出席沙龙应认真聆听主要发言人的发言，发表意见时态度要中肯，语言要简洁，切忌废话连篇。而参加联谊性沙龙，应乐观、豁达，不要一个人呆在角落里沉默不语，而应当尽快和习性相近的人或同行接近。

思考题

1. 待客时应注意哪些细节？
2. 如何做一个受欢迎的沙龙出席者？
3. 送花礼仪有哪些讲究？

第七章　饮食礼仪

饮食礼仪是人们在饮食活动中应遵循的社会道德规范。

饮食是人类赖以生存的基本生活方式，古人云“民以食为天”，足见饮食在人们生活中的重要性。饮食又是人类社会礼仪产生的源泉，《礼记·礼运》中说：“夫礼之初，始诸饮食。”最早的食礼，源于远古祭神仪式。《礼记·礼运》说：“其燔黍捭豚，污尊而抔饮，蒉桴而土鼓，犹若可以致其敬于鬼神。”其意是说，原始社会的先民，将黍米和猪肉放在烧石上烤熟，在地上凿坑当做酒尊用手掬捧，还用茅草包土扎成槌子敲击土鼓，以此表示对鬼神的敬畏和祭祀。

随着社会的发展，先民对自然界的变化和社会复杂关系有了进一步认识，仅以祭神祀祖为礼，已不能满足他们日益发展的精神需要，不能调节日益复杂的人际关系，于是，礼仪的范围和内容就从各种“神事”拓展到各种“人事”，这便是郭沫若《十批判书》中所讲的“礼之起，起于祀神，其后扩展而为对人，更其扩展而为吉、凶、军、宾、嘉等各种仪制”，从而奠定了古代饮食礼仪的基石。

中国是一个礼仪之邦，更是一个好吃的民族，吃几乎渗透到中华民族社会生活的方方面面。

中国人几乎张口就谈吃，熟人见面打招呼，问：“你吃了吗?”不受人引诱叫“不吃那一套”，手头比较拮据叫“吃紧”，上当受骗叫“吃亏”，社交广叫“吃得开”，国营职工叫“吃皇粮”，产生嫉妒叫“吃醋”，受欢迎叫“吃香”，被控告叫“吃官司”，课讲多了叫“吃不消”，甚至把美好的风景形容为“秀色可餐”，好文章“回味无穷”。

人的一生也是伴随着各种食礼成长的。恋爱相亲要以茶酒定礼，结婚嫁娶要大办婚宴，祈求生子要以红蛋促孕，十月怀胎，食忌多多。生日要吃长寿面，老人去世要喝白喜酒。

中国人逢节必食，中国的传统节日基本都是吃节：春节——包饺子、吃年糕、吃团圆饭；元宵节——吃汤圆；中和节(二月二)——吃龙须面、炒豆；上巳节(三月三)——曲水流觞，荠菜煮鸡蛋；清明节——吃冷食、清明团子；端午节——吃粽子；中秋节——吃月饼；重阳节——吃重阳糕、饮菊花酒；冬至节——吃馄饨、汤圆；腊八节——吃腊八粥。

中国人遇事必食，乔迁之喜要办“乔迁宴”，晋级升官要办“升官宴”，金榜题名要办“谢师宴”，商店开业要办“开张宴”，大厦落成要办“上梁酒”，为朋友送行要办“饯行宴”，为朋友接风要办“洗尘宴”。请人办事必设宴相求，事成之后，必设宴感谢。民间几乎是无事不设宴，无宴不成礼。

既然饮食成为人们日常生活、社交活动不可缺少的一项内容，那么，掌握一定的饮宴社交礼仪就显得十分必要。

第一节　中餐进餐礼仪

中国传统进餐方式和中国传统进餐礼仪，历经千百年的传承演变，已形成较为统一的规范和模式，虽然不同地区、不同民族的饮食礼仪各有特色和略有差异，但相对西方饮食礼仪来讲，中国传统饮食礼仪具有其自身的特点和要求。

一、中式餐饮的特点

中式餐饮的特点主要从烹饪特色、饮食结构、进餐方式体现出来。

（一）中式菜点的特点

全世界饮食风味按特色划分，可分为三大类：一类是以法国菜为代表的西式菜点，一类是以土耳其菜为代表的阿拉伯菜点，一类是以中国菜为代表的中式菜点。

中国菜在世界上享有较高的声誉，它之所以备受世人青睐，是因为中国烹饪具有一系列的特点，主要表现在：选料广泛，拼配巧妙；加工精细，造型优美；注重火候，控制得当；调味讲究，味型丰富；菜品多样，变化无常；主副食分明，小吃品种丰富；菜系流派众多，地方风味浓郁。正因如此，中国赢得了“烹饪王国”的美誉。

（二）饮食结构的特点

中国传统饮食结构受地域和地理环境的影响，具有一定的差异性。北方地区，以面为主食，辅以牛、羊、肉、禽、蔬；南方地区，以米为主食，辅以鱼、猪、肉、禽、蔬。新疆、内蒙古、西藏等地各因其地理环境的不同，略有差异。但总的来讲，以米面为主体，水产畜肉蔬果为辅，形成了我国饮食结构的主要特征。

(三)进餐方式的特点

中国传统进餐方式最主要的三大特点是：一是使用筷子。西餐使用刀叉做进餐工具，阿拉伯以手抓方式进餐，而中国人则用筷子取食。筷子灵活、方便、多用的特点是其他取食方式不可比的。二是团聚共食。西餐讲究分餐分食，而中餐则主张众人围坐，共食一盘菜。民间以八仙桌(四方桌)为主，市肆餐饮以圆桌为主。团聚共食体现了中国传统“和合”的儒家文化特征。三是喜好劝菜劝酒。有朋相聚，必尽所能，以好酒好菜相待，这是中国人传统的饮食礼节。举杯推盏之间，人们喜欢劝菜劝酒，把好菜夹给来宾吃，把美酒敬给来宾喝，不管你喜不喜欢吃，不管你能不能喝，似乎只要劝了、敬了，礼仪就到位了，否则就会认为主人不热情。

二、日常进餐礼仪

无论是家庭日常便饭，还是朋友小聚宴饮，抑或是一人独自出入饮食酒店，你的行为举止都有一定的礼仪要求。有时候，或许你在吃饭时不经意间的一个不文雅的小动作，可能让你的身份掉价，给人的印象蒙垢。

(一)保持良好的“吃相”

俗话说：“吃有吃相，坐有坐相。”所谓“吃相”就是吃饭过程中的礼仪规范。

1. 主不请，客不尝。取食有先后，宾主相聚，主人先动筷，客人后动筷。家庭便饭，长辈先动筷，晚辈后动筷。

2. 就近拈，勿远夹。在有转盘的餐桌上进餐时，桌上的菜是可移动的，每个菜都可转到自己面前来，因此挟菜时不必迫不及待取远处的菜，而应只夹面前的菜。

3．适量取，不贪食。对桌上自己喜欢吃的菜，也应适量取食，不能不管别人的需求，埋头多食。

4．食轻言，嚼轻声。俗话说："食不言，睡不语。"而众人相聚进餐不说话是不可能的，但吃饭时说话要注意两点，一是轻声说话，不可大声嚷嚷；二是忌讳口中含着食物说话，这样即不卫生又不文雅。吃东西时应尽可能不发出响声。

5．吐骨刺，置骨碟。酒楼吃饭，都备有骨碟，因此，骨刺应吐在骨碟上。如在家庭没置骨碟，骨刺可吐在面前的桌面上，切忌吐在地上。

6．用餐毕，擦唇边。用餐结束，应用毛巾或餐巾纸擦拭嘴唇，以免油腻或食物残留在嘴边，影响雅观。

（二）把握劝菜劝酒的尺度

劝菜劝酒是中国民间传统饮食礼俗，有朋自远方来，为了表达对客人的尊敬和活跃餐桌上的气氛，有时少不了要劝菜夹菜，敬酒劝酒。劝菜也有劝菜的礼规：菜上桌，主人应先劝客人动筷，客人则应礼让，主人动筷后客人方可动筷。劝菜要适度，如客人婉言谢绝，就不能勉为其难。劝菜挟菜应用公筷，不可用自己的筷子为别人夹菜。劝菜要劝吃档次和质量较高的菜，或是特色菜，不要劝吃档次低的普通菜。劝菜最好站起来劝，以示尊重。随着社会的发展进步，劝菜礼俗渐渐弱化了。相反，劝酒礼俗则日益强化，后面专门谈及。

（三）正确使用筷子

筷子是全世界使用人数最多，最为普及的一种餐具。我国早在公元前殷商时期就已开始使用筷子，公元 4 ~ 6 世纪传到日本、朝鲜、东南亚各国。它虽然构造简单，但巧妙地运用了杠杆原理，它不仅集刀叉功能于一身，而且有健身益智的功效，因为操作筷子要牵动人体30多个关节和50多条肌肉，所以有助于手指灵巧，大脑发达。

别看简单的两根筷子，在使用时却有许多礼仪要求和使用禁忌。

首先是要正确摆放。筷子的摆放是很有讲究的。筷子通常应纵放（横放表示进餐完毕）在餐盘旁边的筷架上，不能搁在盘缘或碗缘上。筷子是成双成对的，在摆放时应把它比齐，不要一横一竖交叉摆放，也不要大、小头颠倒摆放，且筷子的大头应离桌边1～2厘米。在用餐时，如需临时离开，应把筷子轻轻搁在筷架上，切不可插在饭碗里。

其次是轻拿轻放。在餐前放筷子时，应事先将手洗净，然后将筷子一双双理顺，轻轻放在每一个人的餐位前，切不可随便扔掷。在等待就餐时切忌用筷子击碗敲桌。

最后是文明用筷。筷子是就餐工具，一定要讲究用筷的礼节，注意“用筷十忌”：

一忌迷筷，犹豫不决，不知该如何下筷。

二忌搅筷，用筷子搅动碗中的菜肴，挑菜拣食。

三忌刺筷，以筷当叉戳食。

四忌碎筷，持筷撕拉口中的菜、肉。

五忌泪筷，一面滴着汤汁，一面把菜夹进嘴中。

六忌剔筷，用筷子当牙签挑剔牙缝里的菜肴。

七忌舔筷，用嘴舔筷子。

八忌架筷，把筷架在碗上或插在饭碗中。

九忌传筷，利用自己用过的筷子传递菜肴。

十忌指筷，持筷说话指人。

请人用菜时，不要把筷子戳向别人面前。在挟菜时，还要注意避开别人筷锋，以免筷子打架。

三、中式宴会礼仪

宴会集饮食、社交、娱乐于一体，是人们为了一定的社交目的而举行的高级宴饮聚会。

自古以来，中国人都有因事设宴的民俗，举凡婚嫁寿诞，节令庆典，乔迁新居，金榜题名等，无不大摆宴席，宴飨亲朋好友。当今社会，更是宴饮成风，尤其是一些白领阶层，上层社会人士，几乎是餐餐有应酬，天天有宴请，常常为一些宴会所累。

既然宴会成为我们生活中不可缺少的一项内容，那么，经常参加那些具有社交意义的宴会的人士，就必须了解和懂得一些宴会礼仪。

（一）宴会的种类及特点

1. 宴会按饮食风格的不同，分为中餐宴会、西餐宴会。

中餐宴会：亦即中式传统宴会，它在进餐方式上使用中式餐具（最有代表性的是筷子）、围圆桌而坐，采用中式服务，以中国菜肴和国产酒水为主。中餐宴会摆台反映中华传统文化气息，环境布局、伴餐音乐突出浓郁的民族特色。

西餐宴会：在进餐形式上使用刀、叉等西式餐具，设计桌面为长方形，并采用西式服务（主要表现为分餐制）。菜肴以欧美风格的菜式为主，饮西洋酒。整个宴会的厅堂风格、环境布局、台面设计，乃至音乐伴餐等，均强调突出西洋格调。西餐宴会自20世纪初传入我国，目前在一些旅游涉外宾馆较流行。

2. 根据主办目的的不同，可分为庆贺宴、迎宾宴、商务宴。

庆贺宴：泛指一切具有纪念、庆典、祝贺意义的宴会。如：婚宴、寿宴、生日宴、乔迁之喜宴、开业庆典宴、庆功封赏宴、金榜题名宴、毕业庆典宴、庆贺节日宴等。此类宴会一般都具有较浓郁的喜庆气氛，主题意义突出。

迎宾宴：为迎接远方来的客人而举行的宴会，这是社会上较为常见的一种宴会形式之一。迎宾宴有团体迎宾宴和私人迎宾宴之别。无论哪种类型的迎宾宴，一般都具有规模小、喜安静、重叙谈、讲面子的特点。迎宾宴较之庆贺宴，少了一份喧闹，多了一份热情。

商务宴：是为了一定的商务目的而举办的宴会。商务宴自古已有，尤其是近几年来，随着我国改革开放和市场经济的建立，商务宴在社会经济交往中起着十分重要的作用，并成为现在一些酒店主要的经营项目。

3. 根据我国政府外交礼仪的要求，分为国宴、正式宴会、便宴、家宴四种。

国宴：是国家元首或政府首脑为国家的庆典，或为外国元首、政府首脑来访而举行的正式宴会，是一种规格最高、礼仪最隆重的一种宴会形式。我国国宴一般都在首都北京举行，20世纪50年代，国宴一般由北京饭店承办。人民大会堂和钓鱼台国宾馆建成后，规模较小的国宴一般在钓鱼台国宾馆举行，规模较大的国宴则由人民大会堂承办。国宴是政治性最强的一种宴会，国宴既要体现民族的自尊心、自信心、自豪感，同时又要体现兄弟国家和民族之间的平等、友好、和睦气氛。国宴环境布置讲究，厅内要求悬挂国旗，安排乐队演奏国歌及席间乐，席间还要致辞和祝酒，礼仪要求十分严格。

正式宴会：正式宴会是仅次于国宴的一种高规格的宴会。它除了不挂国旗、不奏国歌以及出席规格不同外，其余安排大体与国宴相同。有时亦安排乐队奏席间乐，宾主均按身份排位就坐。许多国家对正式宴会十分讲究排场，对餐具、酒水、菜肴的道数及上菜程序都有严格的规定。

便宴：即非正式宴会。常见的有午宴、晚宴。这种宴会形式没有正式宴会那么复杂、繁琐，不挂国旗、不奏国歌及席间曲，可以不排席位，不作正式讲话，菜肴道数亦可酌减。便宴较随便、亲切，宜用于日常友好交往。

家宴：即在家中招待客人的便宴。西方人喜欢采用这种形式，以示亲切友好，我国文化界的一些名人也喜欢这种宴请形式。家宴往往由家庭主妇亲自下厨烹调，家人共同招待。

宴会的情形十分复杂，从不同角度，根据不同的分类标准，还有多种分类方法，这里就不一一赘述。

（二）赴宴礼仪

赴宴是一项大众的社交活动，人们在宴饮过程中，通过谈话、吃饭、喝酒等一系列行为举止，将自己的个性与修养，能力与德行展现在公众面前，因此，掌握一定的宴饮礼仪知识，对树立良好的个人形象风范十分重要。

1. 应邀赴宴，按时到达。正规的宴请，一般都会下请柬，接到请柬后，一定要看清宴请的时间与地点，最好是将请柬随身带上，作备忘的备提醒之用。如果你是设宴的主人，你应该尽量提前15～30分钟到，以便有客人提前到时，有主人接待。作为一般的被邀请对象，应于宴会开始前一刻钟以上到场，而作为主宾，则不宜过早赴约，以准时为佳。主宾如果迟到，宴会则不能开席，导致众人等候为大忌。

接到宴会邀请，无论能否出席都应尽早给对方答复，以便主人做出安排。答复可以书面作答，也可用电话。一旦答复接受邀请，非不得已不要随意改动。如有特殊情况实在不能出席，尤其是主宾，应尽早向主人解释、道歉、必要时亲自登门致歉。

2. 找准座位，准确落座。正式宴会十分讲究席位的安排，这也是社交礼仪的需要。特别是在我国这样一个礼仪之邦，讲究席位及坐次更是有着悠久的历史传统。《史记·项羽本纪》中记载，西楚霸王项羽在鸿门军帐中大摆宴席招待刘邦。在宴会上，“项王、项伯东向坐，亚父南向坐，亚父者，范增也。沛公北向坐，张良西向侍”。在这里，项羽和他的叔父项伯坐的是主位，坐西面东是最尊贵的座位。其次是南向，坐着谋士范增。再次是北向，坐着项羽的客人刘邦，说明在项羽眼里刘邦的地位还不如自己的谋士。最后是西向东坐，因张良地位最低，所以这个位置就安排给了张良，叫做侍坐，即侍从陪客。鸿门宴上的坐次安排是主客颠倒，反映了项羽的自尊自大和对刘邦、张良的轻侮。

宴会席位安排从来都没有一个统一不变的标准，它在不同的国家、不同的地区、不同的民族、不同的宴会对象等都各有所异。现在饭店服务力求与国际标准接轨，因此，我们的席位安排也要遵循国际上流行的做法。

按照国际惯例，同一桌上，席位高低以离主人座位的远近而定。我国习惯按各人本身职务高低排列以便于谈话，两桌以上的宴会，其他各桌第一主人的位置可以与主桌主人位置同向，也可以以面对主桌的位置为主位（常见几种席位安排见图）。

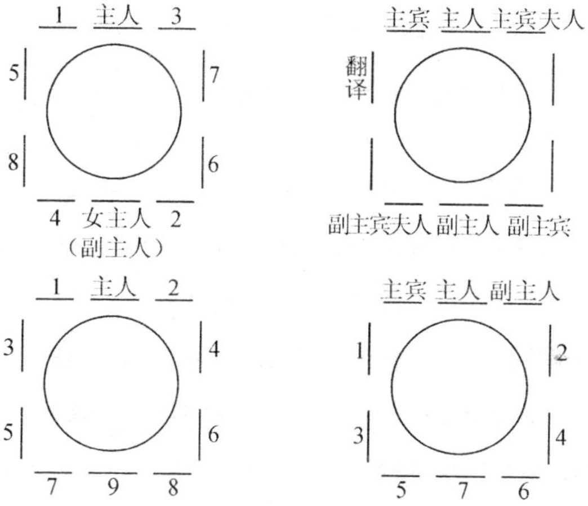

在一些外交活动宴会中，礼宾次序是安排宴会席位的主要依据。在编排席位之前，首先要把经落实出席的主、客双方出席名单分别按礼宾次序开列出来（最好由主办单位提供）。除了礼宾顺序之外，在具体安排席位时，还要考虑其他一些因素。如宴请多个国家的客人时，还要注意客人之间的政治关系，政见分歧大，两国关系紧张者，尽量避免排到一起。此外，适当照顾各种实际情况，如身份大体相同，使用同一语言者，或属同一专业者，可以排在一起，译员一般安排在主宾的右侧。

在国内一般宴请活动中，席位安排要根据不同实际情况而定。有时主宾身份高于主人，为表示对他的尊重，可以把主宾安排在主人的位置上，而主人则坐在主宾位置上，第二主人坐在主宾的左侧。有时赴宴人员不分宾主，如某学术会议宴会，席位安排时或以学术地位、职务职称高低为依据，确定一人为主人席，然后依次按离主人席远近排列。民间商务宴会，买单者坐主人席位置，其他人员根据买单者意图安排。家庭宴会，由年长者或辈份高者坐主人席位，其他依年龄大小或辈份高低依次排列。

如何确定主位？一般情况下，主人席就是一席中正对大门、背靠有特殊装饰的主体墙面的一个席位。但有些餐厅的门不是正开，此时，主人席要以背靠主体墙面的位置为准。即使有的餐厅门是正门，但装饰特殊的主体墙面不与正门相对，此时应根据实际情况以主体墙面为主要参照物，确定主人席位。

3. 文雅进餐，礼貌交谈。宴会开始，待主人招呼，即可开始进餐。酒店宴会，设有口布，口布是用来遮挡油渍和滴漏的酒水的，一般是一头压在骨碟上，一头放在双腿上。将口布挂在胸前的做法是不雅观的。如将口布完全放在双腿上，当站起敬酒敬菜时，则易掉落地上。夹菜不可一次夹得太多，吃完可以再取。但如果是按人头定量的菜（如：清蒸扇贝、大闸蟹等菜），再好吃也只能定量取食，不可多取。不同的菜，应采用不同的取食方法，一般来讲，汤羹类菜宜用汤勺舀食，带粉丝的汤菜，切记不可用自用筷捞粉丝或原料，应该用公筷捞取。一些整鱼、整鸡等整型菜，宜将整菜最佳部位让给席中尊长者先食用，身份低者宜取一般部位食用。宴席上不要一直把筷子拿在手上不放，每次取完食或交谈时，宜将筷子暂置于筷架上。宴席上，有时会随菜(基围虾、龙虾、螃蟹)上一小水盂(铜盆、瓷碗或水晶玻璃碗)，水中漂着玫瑰花瓣或柠檬片，这是供洗手用的，千万别当饮料喝，否则就闹笑话。洗手时只需将手指浸在水中轻轻搓动几下，然后用餐巾或小毛巾擦干，并注意不要妨碍他人。有时拔丝菜也上一碗冷开水，这是供灼热的糖粘菜在冷水中过一下，以免烫伤嘴巴。宴会是以菜为主体，酒贯穿始终，酒没喝完，原则上不能吃饭(主食)，否则就是反(饭)上。宴会菜较多，当桌上放不下时，宜将大盘换小盘，不可大盘叠大盘，这样既不雅观又不卫生，同时压下去的菜又不方便取食。吃菜、喝酒、交谈是宴会的三大内容，能坐在一个桌子上参加宴会，大家往往是比较熟悉和友好的了，谈话自然比较多。席间谈话应有主调，众人倾听或应和，而不应一人在谈话，另几个人在一旁说笑，这样对人不礼貌。谈话时音量要控制好，不可影响邻桌。席间说话，应尽可能将身子往后倾斜，远离菜盘，以免唾液喷到菜盘上，必要时可用手掩挡。在有邻桌的餐厅，大声嚷嚷或划拳都是不文明的行为。

4．宴席上菜，讲究程序。宴席菜点品种丰富，而且什么菜先上，什么菜后上，颇有讲究。宴席上菜顺序的基本原则是：

先上凉菜，后上热菜。凉菜是整个筵席菜肴的开路先锋，它具有干香脆嫩、爽口不腻、味入其骨、香透肌里的特点，为佐酒佳肴。当人们举杯起饮，慢斟细品之后，渐渐适应宴会环境，形成良好食欲，此时应上热菜，掀起宴会热烈气氛。

先上主菜，后上辅菜。主菜是筵席中最名贵、烹调最精美的一道菜，如燕窝席中的燕窝、鱼翅席中的鱼翅等。先将主菜端上席，是为了在宴会一开始就给宾客留下美好的第一印象。同时，主菜先上也是为了在筵席最后吃不完的一部分不会是重点菜。当然，所谓先上也是相对而言的，有的地方往往先上1～2道普通菜后再上主菜，这如同一台晚会大明星出场，先有人开路，然后明星隆重登场，起到烘托气氛的作用。

先上酒菜，后上饭菜。宴会的一般规律是先饮酒，后吃饭，酒开头，饭结尾。先上酒菜，以供佐酒，后上饭菜，宜于下饭。

先风味菜，后一般菜。所谓风味菜，是指具有特殊风格的菜肴，或者是地方名菜、本店名菜、时令季节菜，近期特供菜等。一般来说，开席之初，人们对头几道菜往往比较关注，品尝也比较认真。随着饮酒的不断深入，人的口舌逐渐麻木，食欲也减退或已满足。此时如果将名菜姗姗端来，定不如开宴之初那么引人关注和重视，于是名菜也就失去了“名菜的价值”。

先上荤菜，后上素菜。筵席菜肴有荤有素，荤菜多为高脂肪、高蛋白原料制成，吃多了，会令人感到油腻。素菜有多种，筵席素菜通常是指绿叶蔬菜。吃过了油腻味厚的荤菜，再吃清淡爽口的素菜，会起到解腻清口的效果。

先上造型工艺菜，后上普通风味菜。当筵席刚一开始，席面还比较空敞，人们的注意力还比较集中时，先将工艺菜端上，与宴者可以集中精力欣赏工艺菜的造型特色，谈论菜肴制作工艺，为此留下深刻的印象。如果把这么精美的工艺菜放在后面上，人们酒醉醺醺之时，已无心欣赏菜肴的造型，更谈不上留下什么深刻印象了。

先上量大的菜，后上量小的菜。筵席菜品中，有的菜量较大，有的菜量较小。先上量大的菜，是为了让胃口大开、空腹饿肚的人们能够吃到较多的菜，同时避免很快出现盘子见底的现象。

先上咸味菜，后上甜味菜。咸味和甜味对味觉的刺激性均很大，但比较之下，甜味在味觉器官中滞留的时间要相对长一些。宾客吃了甜味菜点之后，再食用咸味菜点，会出现减味或乏味的感觉，破坏了味觉器官的感应平衡。因此，除极个别情况外，大多数甜品都应放在筵席最后上。

先上浓味菜，后上淡味菜。滋味浓厚的菜先上，可给宾客的味觉器官以强烈的刺激，味中枢神经处于兴奋状态，呈现出旺盛的食欲。如先上清淡的菜，宾客会有寡而无味的感觉，造成兴趣索然的心理。

先上菜肴，后上点心、水果。点心的上席顺序，各地不尽相同，大多数是在宴会进行过程中，随某些特定的菜肴跟上，也有的是在宴会接近尾声时端上。

以上只是中式宴会上菜顺序应遵循的一般规律，在实际操作中，不同地区、不同酒店、不同筵席的菜肴上菜顺序亦各有差异，因此，我们要灵活对待。

5. 何时散席，取决主席。单桌宴席何时结束，由主席(即主人席)说了算，“主席”起身，其他人方可离席。多桌筵席，要以主席(即主桌)为主，“主席”未散，其他筵席不得先行离散。如与宴者因故必须先行离开，离开者应向同桌各位说明原因，并致歉意。宴会结束，有人喜欢将未吃完的菜“打包”，这是勤俭节约的良好美德，但打包也有打包的礼仪要求。原则上打包以主人为主，客人不宜主动提出打包。宴席上，身份高的人不宜打包，而应由身份低的人（如随从人员）打包。宴席未结束不宜打包，宴席结束之后方可打包。与宴者不宜亲自动手打包，而应指挥服务生打包。打包选择的菜也要注意：带汤水的菜不宜打包，而应以干爽的菜为主；筷子戳过的菜不宜打包，而应以未动过的部分菜为主；低档菜不宜打包，而应以高档风味菜为主。

第二节 西餐进餐礼仪

西餐是欧美饮食体系的代名词，即以法、德、俄、意、美、澳等国为代表的白种人的饮食体系，分布在70余个国家和地区，近20亿人口。

一、西餐的特点

西餐与中餐相比，在进餐方式，饮食结构、饮食习惯、烹调方法等方面都有其特色之处。

在进餐方式上，西餐注重分食，无论是日常便餐还是高级宴会，西餐都实行分餐制。朋友聚会，各点各的菜，想吃什么点什么，充分体现了西方人对个性的尊重。分餐制既不会造成浪费（吃多少要多少），又符合现代卫生要求（不会相互吃口水），是社会进步的产物。

在餐具使用上，西方人习惯于用刀叉，用刀切割，用叉取食，不同刀叉用途各异，餐具种数较多。

在饮食结构上，西餐以肉、禽、鱼等动物原料为主，乳猪、肥犊、羊羔、火鸡、菜鸽、鹅肝、鸡蛋、奶皮、西米旦(发酵奶皮)、奶酪、黄油、鲈鱼、鳜鱼、黄鱼、沙丁鱼、马哈鱼、龙虾、大蟹、牡蛎、鱼翅、蜗牛、兔肉等是常用动物原料。西餐素食为辅，主要有麦片、柠檬、槟榔、红豆、黑枣、面包、蛋糕、通心粉、胡萝卜、花椰菜、黄瓜、洋葱、生菜、苹果、香蕉、菠萝、土豆、芦笋、腰果、面酱、果酱等。西餐主副食不分，很早的西方人以畜牧业为主，肉与奶便是他们的全部食品。

在饮食习惯上，西方人喜欢冷食和生吃。啤酒要喝冰的，饮料要喝冰的，连酒也要加冰块。西餐多生食，蔬菜生吃，鱼生吃，连牛排也只煎七成熟，鸡蛋煎出汤蛋(即半熟蛋)。西方人认为，只有生吃才能完整吸收原料中的营养。

在烹调加工上，中餐注重随意与经验，西餐强调科学与规范。一份炸鸡翅，从纽约到旧金山毫无二致，全世界牛排的配料都是番茄、土豆加生菜，非常标准。西餐从某种程度上讲，只烹不调，注重进餐过程中调味，而烹调的食物也大多是大块大片的，需食客自己用刀叉分割后食用。

二、西餐餐具的摆放与使用

西餐餐具种类繁多，摆放讲究，使用也讲规范，许多不了解西餐的人，坐在西餐桌前，面对琳琅满目的餐具，往往不知所措。

(一)西餐餐具的摆法

西餐餐具主要有刀、叉、匙、盘等。刀分食用刀、鱼刀、肉刀、奶油刀、水果刀；叉分食用叉、鱼叉、肉叉、龙虾叉；

匙有汤匙、甜食匙、茶匙等；盘则有大小不同的菜盘、汤盘、垫底盘、面包盘等。酒杯则分为葡萄酒杯、香槟酒杯、烈性酒杯、啤酒杯等。西餐餐具一般在开餐前都已在餐桌上摆好。正式宴会的摆法一般是：座位前正面放垫底盘，左叉，右刀、匙。左右侧最外边的刀叉是餐前食用刀叉，中间的刀叉是吃鱼用的刀叉，靠里边的刀叉是吃肉菜用的刀叉。它们都纵向放置在就餐者垫底盘的两侧，分别离桌缘 1 ~2 厘米。这些刀叉的摆放顺序，从外向里取用，正与上菜的顺序一致。吃甜品用的刀叉，一般在最后使用，被横向摆放在垫底盘的正上方。垫底盘上方放甜食匙，再往前略靠右放酒杯，右起依次为葡萄酒杯、香槟酒杯、啤酒杯(水杯)。餐巾叠成花样插在水杯内或叠好放在餐盘上。面包盘置于叉子左侧约 1 ~2 厘米处，离桌缘3 ~4 厘米。此外，在座位左上方有一玻璃或金属水盂，盛有清水，有时还撒有花瓣，是供洗手用的，洗手时把手指轻涮一下即可。(常见摆法见下图)

（二）西餐餐具的用法

1. 餐巾。餐巾是为了在用餐时防止衣服弄脏而准备的。一般是点完菜后才将餐巾打开。将餐巾打开后对折，并将开口朝外置于膝上。餐巾除了用来擦拭嘴巴、手指以外，也可以在吐出鱼骨头或水果的种子时，拿来遮住嘴巴。擦拭嘴巴时，拿起餐巾的末端顺着嘴唇轻轻压一下，弄脏的部分为了不让人看见，可往内侧卷起。将鱼骨头或水果的种子吐出时，可利用餐巾遮住嘴后，用手指拿出来或吐在叉子上后再放在餐盘上。也可以直接吐在餐巾内，再将餐巾向内侧折起。通常服务生会注意到并换上一条新的餐巾。然而用餐巾来擦汗或是擦鼻涕，或是将口红整个印在餐巾上等都是不文明的。暂时要离开座位时，轻轻地将餐巾折好，很自然地放在餐桌上或是椅子上。千万不要把餐巾挂在椅背上，或是揉成一团放在桌子上。

2. 刀、叉、匙的用法。刀、叉又分为肉类用、鱼类用、前菜用、甜点用，而汤匙除了前菜用、汤用、咖啡用、茶用之外，还有调味料用汤匙。调味料用汤匙即是添加调味料时所使用的汤匙，多用于甜点或是鱼类菜品。刀叉正式的用法为两只一组的使用，右手拿刀，左手拿叉。

叉子的拿法为将食指伸直按住叉子的背部。刀子除了与叉子同样拿法外，还可以用拇指与食指紧紧夹住刀柄与刀刃的接合处。可依料理选择较容易进餐的方法。如果以全部的手指握住的话，会破坏整体平衡，利用拇指与食指握住才是拿刀叉的要诀。

当以汤匙代替刀时，须以右手拿汤匙，左手拿叉。汤匙的握法则与握笔方法相同。

吃米饭之类的食物时，可以很自然地将叉子转到下面舀起食用，因为叉子下面的凹下部位正是为此用法而设计的。这时候，也可利用刀子在一旁辅助用餐动作。将餐盘上的食物舀起时，利用刀子挡着以免食物散落到盘子外面，如此一来就可以很利落地将盘内食物舀起。

刀与叉除了将菜肴切开送入口中之外，还有另一项非常重要的功用。那就是刀叉的摆置方式传达出“用餐中”或是“结束用餐”的信息。而服务生们正是利用这种方式，判断客人的用餐情形，以及是否收拾餐具准备接下来的服务等，因此，我们应记住正确的餐具摆置方式。用餐过程中暂时离开时，可将刀与叉呈八字形摆在盘中，而刀刃侧必须面向自己，这表示正在进行中；用餐结束的信息是：将叉子的正面向上，刀子的刀刃侧向内与叉子并拢，平行放置于餐盘上。而没用过的刀子，原样放在桌子上即可，服务生会自动将它收走。

三、西餐菜点食用礼仪

要了解西餐的吃法，首先必须了解西餐的上菜顺序。西餐正餐的上菜顺序是：第一道菜是开胃菜，这是主菜前的小菜。配以鸡尾酒。第二道菜是面包、黄油（或果酱、奶油）。第三道菜是汤，喝汤以刺激胃分泌消化液，为进食热菜做准备。喝汤时上雪利酒。第四道菜是冷盘，又叫小吃，用中刀叉，上烈性酒，用立口杯。第五道菜是主菜，一份是鱼，用鱼刀叉，上白葡萄酒；一份是肉（添加海味），用肉刀叉，上红葡萄酒。第六道菜是点心（如蛋糕、饼干、馅饼、三明治等）。第七道菜是甜品（如布丁、冰淇淋、冷冻食品等），用甜点勺和中叉，上香槟酒。第八道菜是果品(主要是时令水果或什锦果盘),用水果刀。第九道菜是热饮,红茶或咖啡,这是西餐的“压轴戏”。此外,有时还供应利口酒等饭后酒。

在正式的宴会上,食物应该一道接一道送上来,等客人吃完一道菜,再上第二道菜。作为参宴者每吃完一道菜,便把刀叉(匙)并排放在盘里,待侍者从你的右手边收走,接着从你的右手边送来下一道菜。

西餐便餐则主要由开胃菜、面包、汤、主菜(一份)、甜品、热饮构成。

西餐各道菜品,其具体的食法各不相同。按照西方礼仪,同桌多人就餐时,必须等每位都上完一道菜后才能同时用餐,而且要注意速度以配合大家。下面介绍几种主要食品的食用方法。

(一)前菜,又称开胃菜

前菜即是在主菜之前的少量料理。为了使主菜更加美味,所以利用少量的前菜让肚子做一下暖身运动,以增加食欲。正统的前菜大都以鱼子酱、烟熏鲑鱼、生火腿、小龙虾等冷冻肉或沙拉类为主。

冷冻肉的料理又以鹅肝酱最具代表性。鹅肝酱的材料是以特殊饲养方式所养殖的鹅的肝脏,其口感浓郁,与鱼子酱、块菰合称为世界三大珍味。冷冻肉以刀与叉食用,如果有附带切成薄片的吐司,则利用刀将冷冻肉涂抹于吐司上食用。

鱼子酱通常会附加在冷冻肉的料理旁,有时也会直接放置于餐具内端出来,这时候可利用汤匙舀起来吃。不过,有时也会做成开式三明治的样子。开式三明治,即是在切成薄片的吐司上摆上菜肴做成的三明治。如果是开式吐司的话，一般都是直接以手拿起来吃。不过，如果大小不是一口即可食用的话，以刀叉切开吃也可以。小龙虾则是一边加酱料一边食用。

（二）面包

正宗的法国餐厅很少提供米饭，大多以面包为主。面包是无限量供应的，只要你喜欢，爱吃多少就吃多少。但是面包并不是你的主菜，面包充其量只是为了点缀食品而存在的。面包一般会由服务生放入篮子内送出来，你可以挑选自己喜欢的面包并放在左侧的面包盘内。如果没有面包盘，可以直接放在左侧的桌巾上。如果一开始就已经摆上面包，那么左侧的面包就是你的了。为了不吃下太多的面包，最好在用过前菜，汤端上来后再开始吃面包。吃面包的时候应先以手撕下一口大小的量后再吃。用刀切面包，或是以叉子叉住面包后切成几小块都是违反用餐礼仪的。

（三）喝汤

法国人所谓的汤，指的就是浓汤。在中国，汤则分为较清淡的清汤，以及浓度较高呈勾芡状的浓汤两种。依季节的不同也有冷汤，不过一般都是热汤。汤端到桌上时，首先用手轻轻地接触一下餐盘，确认一下汤的热度。喝的时候，将汤匙由内向外舀起，饮用不要发出声音。千万不要用力吸汤，应让汤自然流入口中，慢慢地喝。如果是加料的浓汤类，则可以像吃东西那样喝下去。如果汤只剩下一点点，可以将盘子稍微倾斜，利用汤匙轻轻地舀起来喝。但要注意不要让汤匙刮到盘底而发出声音。有时硬饼或起司棒会与汤一起送上来。硬饼指的就是浮在汤面上的料。有时一端上来就已经加在汤里面了，有时会另外放在类似放调味酱那样的小杯子内与汤一起端上来，这时候可以用附在一旁的小汤匙取一些放入自己的汤中。

起司棒也可以直接拿起来吃，不过最初人们是将其弄碎放入汤中与汤一起吃的。喝完汤后，汤匙直接放在汤盘内或放在汤盘下的餐盘内都是可以的。不过千万不要放在桌巾上，这样会把桌巾弄脏。

(四)主菜

主菜主要有鱼、肉类食品和搭配的蔬菜。

1. 如果是整条鱼，首先是左手用叉压住鱼头，右手用刀自鱼头后面沿着中间脊骨至尾部划开，取出上边一半鱼肉放在盘子靠自己的一边，淋上酱汁，用刀叉自左侧吃起；吃鱼不能翻转鱼身。吃完上边的鱼肉后，再用叉压住鱼头，用刀从骨头和下层鱼肉之间划过，把鱼骨剔出，将下层鱼肉移至面前的盘上食用。吐出鱼刺时，应将叉子靠近嘴边拦住，与鱼头、鱼骨等剩余物整齐地放在盘子的另一侧。如果是吃整块鱼片，则应从左边开始，每切一口大小蘸调料吃。这种鱼有时会以蒸烤用的玻璃纸或锡箔纸包裹端上桌，应用刀把玻璃纸或锡箔纸从中间划开，让鱼露出，再开始食用。吃龙虾要用刀叉先把虾肉取出再吃。

2. 吃肉菜时，应从左侧切成一口大小，吃一块切一块，切勿一次全切好。如肉很大，可先切成两半，把其中一块移至盘中间，切而食之。如带骨的肉，可用叉子压住肉，刀沿着骨头划开，将骨取出，再切成一口大小食用。

3. 吃鸡肉，同样用刀叉先去掉鸡骨之后，再用餐刀切成一小块，叉而食之。吃煎荷包蛋，欧美人习惯煎成两面白，先戳破半熟的蛋黄，然后用刀切成小块，用叉叉着吃，盘中流的蛋黄可用小块面包蘸着吃。

4. 吃牛排，可根据自己的口味，选择全熟或半熟的，搭配的蔬菜要和主菜交互着吃，才显得出菜肴的美味。盘里剩的肉汁或调味汁，可以用面包蘸干，再用叉子送进嘴里。

（五）咖啡

咖啡是西餐中最常用的一种饮品，不论是小咖啡杯还是普通的咖啡杯，如果内侧有华丽的装饰，服务生一般会先让客人观赏后再把咖啡倒入。喝咖啡时，加入糖与牛奶之前先小饮一口，品尝一下纯咖啡的香气。随后，再将糖、牛奶等与咖啡混合，轻轻地捏住杯耳并注意不要让咖啡匙伤到杯子内侧，轻轻地搅拌液体即可。加方糖时，应用夹子将方糖先放在汤匙上，再轻轻倒入咖啡杯中，这样咖啡不会溅起来。如果咖啡端出来的时候杯耳在左侧，应将咖啡盘放在餐桌上，只端起咖啡杯饮用即可，不需持咖啡杯碟。

欧洲人习惯把糖放入浓缩咖啡后，不加以搅拌，而花费20～30分钟慢慢饮用，享受糖在咖啡杯底慢慢溶化，咖啡逐渐变甜的乐趣。偶尔刻意地模仿一下法国人的习惯也是满有趣的事。

四、西餐宴会礼仪

（一）西餐宴会的形式

西餐宴会按进餐时间及内容的不同，分为晚宴、午宴、下午茶派对、鸡尾酒派对、花园派对、招待会等。

晚宴是一种最讲究形式的宴会，一般从晚上七点开始聚餐，晚宴台型讲究，菜品丰盛，形式热烈，是较正规的一种宴会。

午宴是中午十二点开始举行的宴会，内容与晚宴相当，但在规模和形式上较晚宴简略些。

下午茶派对是多在下午2点举办的以红茶、非酒精类饮料和茶点为主来招待宾客的轻松派对。

鸡尾酒派对多在下午晚些时候举行，以酒类及简单饮食款待宾客，比起以用餐为主的宴会，这种以社交为主要目的的宴会，来宾可以依自己喜欢的时间入场、退场。

花园派对是以私人庭院为场地举办的站立式宴会，通常从上午11点开始至下午3点左右。日本皇室于每年春天所举办的园游会也属花园式派对的一种。

招待会虽然和鸡尾酒会同样都是以社交为主要目的，但所谓的招待会比较带有公家的色彩，当然也有以外国大使或公使为主人而举办的招待会。

（二）西餐宴会台型及席位安排

正式宴会一般均排席位，也可只排几位主宾的席位，其他客人只排桌次或自由入座。

西式宴席一般采用长条桌或蹄形桌，在座位的排列上，亦以右为尊，并以离主人座位的远近来决定客人地位的高低。离主人越近者，地位越高。

此外，在安排席位时，还需要考虑一些其他因素。如多边活动需要考虑客人之间的政治关系，政见分歧大，两国关系紧张的，要尽量避免安排在一起；还要适当考虑照顾身份大体相当、使用同一语言或属同一个专业者，把他们可以排在一起。

翻译人员一般安排在主宾的右侧。在以长桌作主宾席时，翻译人员也可以考虑安排在对面，便于交谈。

西式宴会宾主席位的安排大致与中式宴会相同，主人席位通常安排在席上方和正中，主宾席位安排在主人席位右边，副主宾安排在主人席位的左边，其他宾客则从上至下，从左至右依次排列。如宴会的正副主宾都偕夫人出席，在有副主人陪同的情况下，副主人的席位则应安排在主人席位的对面，即餐台下方的中间席位上，右边安排副主宾，左边安排副主宾的夫人，主人席位的左边安排主宾夫人的席位（常见西餐台型及席位安排如下图）。

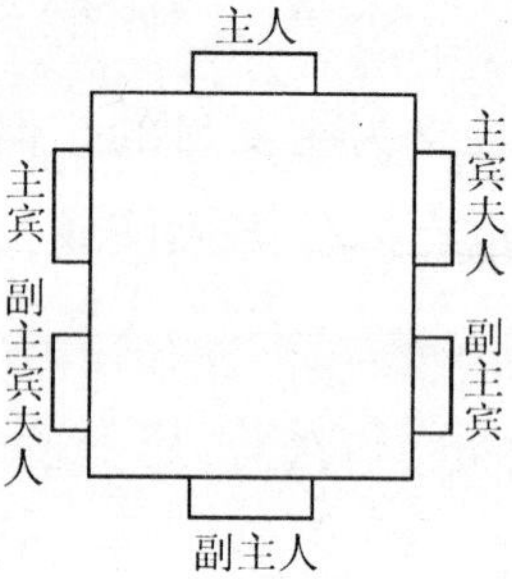

“一”字形长台

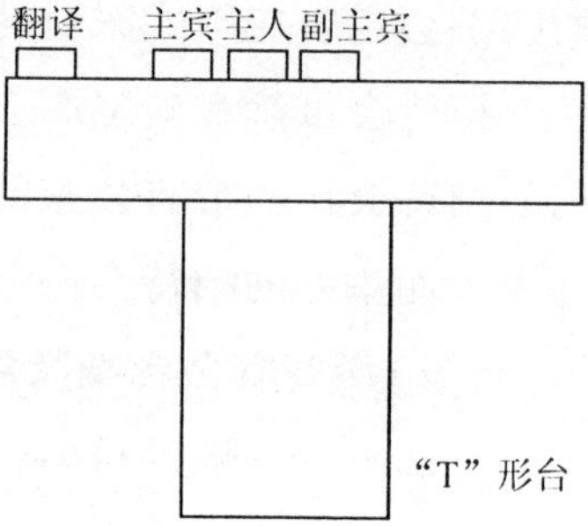

“T”形台

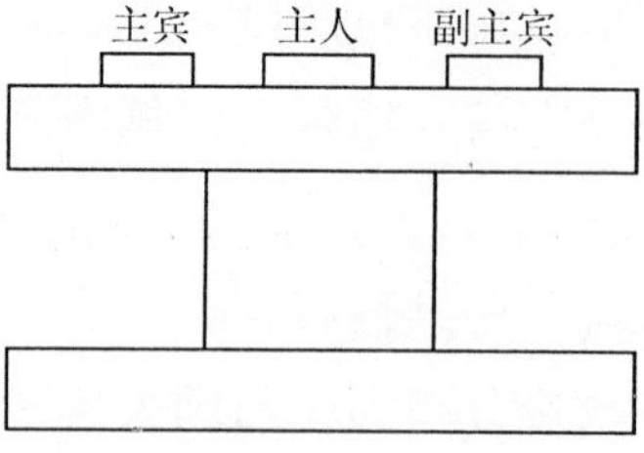

“工”形台

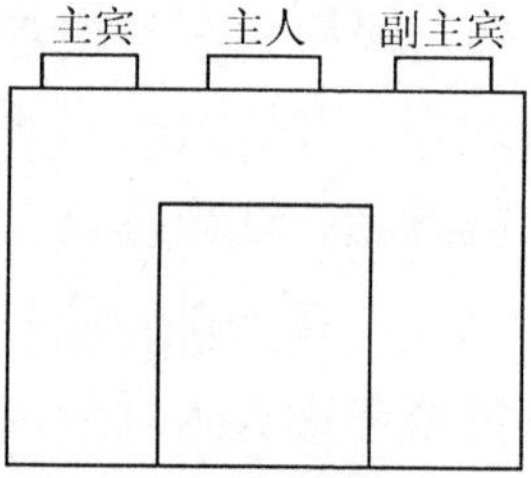

“冂”形台

遇到特殊情况，可视具体情况灵活处理。如主宾身份高于主人，为表示对他的尊重，也可以让主宾坐主人位，而主人则坐在主宾的位置上，第二主人坐在主宾的左侧；如果本国出席人员中有身份高于主人者，可由身份高者坐主位，主人坐在身份高者左侧。

（三）西餐宴会礼仪

有道是："吃中餐主要是看桌上的美味佳肴，吃西餐主要是看就餐者的举止风度。"参加正规西餐宴会，吃已不重要了，社交反而成为宴会的主题，于是每个人的行为举止，谈吐风度，在这种特殊的社交场所显得十分重要。

1. 着装讲究。针对不同的宴会形态、规模以及举办时间，适合穿着出席的服装也各有不同。若是邀请函已经指定的话，就依照指定穿着。但一般来说，在正式的晚宴里，男性都是穿着无尾晚礼服（tuxedo），女性则是穿着晚礼服或小礼服出席。要是宴会较没那么正式的话，男性可以身着深色西装出席，女性则穿着优雅的连衣裙或是套装出席即可。有一点必须请女性留心的是，由于这是用餐场合，所以请以清洁感的发型和化妆为主，香水也请酌量使用会比较妥当。

2. 入座规范。根据请柬上注明的席位，或根据自己在众宾客中的身份位置，或由服务生（司仪）引坐，或自己寻找适合自己身份的位置落座。入座时，要从椅子的左侧进入，手扶椅背，将椅子略微抬起往后拉开；落座后，双手要抬起椅子，慢慢靠近桌边。使胸部与餐桌保持一个半拳头的距离为宜。坐定后，上体挺直，不能或仰或俯、东倒西歪；脚并拢，勿伸、勿跷、勿蹬；双手自然平放，手腕靠近桌缘或把手放在自己的大腿上，不能趴在桌上也不能藏于桌下。进餐时，身子可以略向前靠，但不要把头低向盘子，更不要低头用嘴凑近盘边吃东西，也不要把盘碟端起来吃。

3. 女士优先。尊重女士是西餐礼仪的一大特点。在非官方的西餐宴会上，女主人通常处于第一主人的位置，主宾往往在女主人的右上方；用餐的开始和结束，往往由女主人示意；来宾均先向女主人致意或送花。

西餐宴会一般是男女交叉安排、相邻而坐。为了体现男士的绅士风度，男客人应帮助他右边的女宾拉出座椅，待女宾入席下坐时，再帮助女士将座椅稍稍往前推，使其身体靠近桌的适宜位置，男士待女士坐下后就座。作为女士应对帮自己就座的男士微微一笑表示感谢后坐下，同时请身边的男士就座，并转身和他寒暄，以便引出交谈的话题。

在正式的西餐宴会上，除安排个别的女领位员以外，概不使用女侍者，以体现对女士的尊重。

4. 友好交际。西餐宴会的主旨是交际，宴会交际已成为社会交往活动的重要组成部分。与宴者赴宴前应备好足够的名片，放在西装口袋(女士可放在小提包内)等易于取出的地方，以便交换名片之用。赴宴时的交际更多的是表现在餐桌上。有人说，没有交谈的餐桌上，仿佛少了一道菜。餐宴时的交谈当然以风雅为上，谈一些大家感兴趣而又轻松愉快的话题，如赞美餐桌上的菜肴、酒水饮料和摆饰，或文艺、体育、旅游等话题，不宜谈及宗教、政治、疾病等可能触及别人忌讳的话题。

交谈对象，一般以左右邻座为宜，最好不要隔着别人交谈，尤其不宜大声与餐桌对面的人交谈，但也不要耳语。满嘴食物和正在咀嚼食物时，不要与人交谈，如他人与自己交谈，也应等食物咽下后再应声。如果自己不擅长聊天又缺少话题，不妨当一个好听众，但不要随意插话或打断别人的谈话。

为了广交朋友，餐桌上当然少不了交谈，但又不宜太多，也不要说俏皮话、讽刺话和笑话。

5. 礼貌告辞。除了结婚喜宴和正式宴会之外，通常普通的宴会并不会清楚明定结束时间。例如参加鸡尾酒宴会，并没有规定何时离开会比较好，只要没什么重要的事，应尽量避免比主宾早离场。这当然也不是说待越久越好的意思。在离席的时机上，以“中场”为标准。中场为散会的间接说法，当司仪宣布“宴会已经进行到中场了”，这即是在示意到陆陆续续离席的时候了，因此借此为离席的时机是不错的。离席时也请不要忘记向主办者打声招呼。

(四) 自助餐进餐礼仪

自助餐本是西餐的一种进餐形式，由于它具有自由灵活、品种丰富、时间机动、卫生洁净等特点，近年来逐渐与中餐结合，成为饮食市场的主力军。自助餐也有自助餐的礼仪规范。

1. 先落座，再取食。有些人一进自助餐厅就拿盘取食，取完食后，拿着满盘食物到处找座位，这是不文雅的行为。正确的做法是：由服务生领坐，服务生安排在什么位置，就在什么位置落座，除非你向服务生提出特殊要求，但须得到服务生允许。落座后将口布取下，压在盘碟下面，服务生倒上茶水，稍坐片刻再行取食。

2. 少量取，多次拿。自助餐菜品种类繁多，一般由冷菜、热菜(包括汤品)、水果、小点心及各种饮料组成。取食程序应该是：先取饮品小饮两口，再取冷菜(或开胃菜)，吃完冷菜再取热菜，吃完热菜再取小点心主食，吃完小点心主食，最后取水果。每次取食切忌贪多，自助餐以每次取食全部用完为佳，不许浪费。取食时不可将不同类别的食物混装于一盘，那种将冷菜、热菜、水果、点心等码在一个盘子上的做法，是不文明的进餐行为。

3. 菜取完，及时补。自助餐的菜品，有的菜会有较多人喜爱，于是会迅速取完，进餐者不必慌抢，服务生会通知厨房及时添加，这时，可以先品尝其他菜，待菜添上后再取。

4. 现加工，提要求。自助餐厅有许多食品是现加工的，如煎蛋、煎牛扒、下汤粉面等，当你点要某道食品后，要向厨师说明烹调要求，常见有人因点要的食品不符合自己的要求而弃之不用，这是一种不文明的表现，是一种浪费行为。

5. 只能吃，不能带。所有的自助餐，不管是以之待客的由主人亲自操办的自助餐，还是对外营业的正式餐馆里所经营的自助餐，都有一条不成文的规定，即自助餐只许可就餐者在用餐现场里自行享用，而绝对不许可对方在用餐完毕之后携带回家。商务人员在参加自助餐时，一定要牢牢记住这一点。在用餐时不论吃多少东西都不碍事，但是千万不要偷偷往自己的口袋、皮包里装一些自己的“心爱之物”，更不要要求侍者替自己“打包”。那样的表现，必定会使自己见笑于人。

第三节 饮酒礼仪

酒是一种奇特的食品，千百年来，没有哪一种食品像它这样令人惊奇，令人赞叹、令人陶醉。

酒，能够健身。我国最早创造的黄酒，素有“天乳”、“天之美禄”之称。啤酒含有人体需要的多种维生素，被誉为“流体面包”。药酒具有奇特的滋补作用和医药功能。就是各种白酒，只要少饮、适量，也能舒筋活血，理气御寒，对身体健康大有益处。

酒，可助兴、寄情、陶情怡志。因此，古人又称之为“欢伯”。在中国，人们的喜、怒、哀、乐，悲、欢、离、合等种种情感，往往都借酒来抒发和寄托。

酒，是友好的使者。大到官场外交，小到民间往来，大凡迎宾待客，往往都离不开酒。酒已成为公共关系活动中传送友谊的一种“载体”。

然而，酒同世间万物一样，也具有两重性。既能造福，也能惹祸，既给人们带来乐趣，也给人们造成危害。在古代，有多少无道昏君因沉湎酒色、狂饮无度而亡国害民，有多少文臣武将因贪杯暴饮而身败名裂，直至送命。看今天，又有多少因酗酒醉酒而伤身误事，更有甚者酒后无德，而干出一桩桩危害他人，危害社会的违法乱纪之事。有鉴于此，要提倡新的酒德酒风，养成有益于心身健康的饮酒习惯。

一、酒的种类及特点

酒的种类颇多，酒的分类方法常见有三种：

(1)按生产方法的不同分为蒸馏酒、发酵酒、配制酒。

蒸馏酒：原料发酵后，用蒸馏法制成的酒叫蒸馏酒。这类酒的酒度较高，其他固形物含量极少，刺激性较强，白酒、白兰地等酒均属于蒸馏酒。

发酵酒：又叫压榨酒。原料经过发酵后，直接提取或用压榨法制成的酒。这类酒度数较低，而且固形物含量较多，刺激性小，啤酒、果酒等均属于压榨酒。

配制酒：用成品酒或食用酒精，配合一定比例的糖分、芳香原料或中药材，混合贮存后经过滤而成。用芳香原料配制的称为露酒；用中药材配制的称为药酒。常见露酒有青梅酒、玫瑰酒；药酒有莲花白、竹叶青等。

(2)按酒精含量的高低分为高度酒、中度酒、低度酒。

高度酒：酒精含量均在40%以上，所以酒精含量在40°以上的酒称为高度酒。

中度酒：酒精含量在20°～40°的酒，属于中度酒，多数露酒和药酒都是中度酒。

低度酒：酒精含量在20°以下的酒，属于低度酒，如啤酒、黄酒、葡萄酒。

(3)按商业经营分为白酒、啤酒、葡萄酒、黄酒、露酒、药酒。

白酒：又称烧酒、中国白酒，它与白兰地、威士忌、劳姆酒、伏特加、金酒齐名，被誉为世界六大蒸馏酒。我国白酒按香型分为酱香型白酒(以茅台酒为代表)、浓香型白酒(以泸州老窖为代表)、清香型白酒(以汾酒为代表)、米香型白酒(以桂林三花酒为代表)、其他香型白酒。

啤酒：啤酒为营养丰富型的清凉饮料，素有“液体面包”之称。啤酒根据杀菌与否分鲜啤和熟啤。

葡萄酒：以葡萄为原料酿造的酒，因酒液中含有人体所需多种维生素和氨基酸，故成为高档宴会上不可缺少的饮料。葡萄酒根据葡萄颜色的不同分为白葡萄酒和红葡萄酒；根据含糖的多少分为干葡萄酒、甜葡萄酒。

黄酒：它是用粮食酿造的弱性酒，一般含酒精 10% ~ 15%，因色泽黄亮而取名“黄酒”，是我国特有的传统饮用酒。

露酒：它是用葡萄酒或黄酒、食用酒精为酒基，加入一定的香料、糖料和食用色素等配制而成的一种酒。

药酒：它是以黄酒或白酒为酒基，配以各种药材经浸泡等工艺制作的，具有一定医疗和滋补作用的一类酒。

二、饮酒礼仪与禁忌

传承数千年的中华酒文化，积淀了丰厚的饮酒礼仪风俗，无论是三朋四友小酌，还是盛大宴席豪饮，人们必须遵循约定俗成的饮酒礼仪规范。

《晏子》载：有一次，齐景公乘着酒兴在酒宴上说：“今天我想和诸位大夫们纵情酣饮，请大家不要拘于礼。”这时齐相晏婴马上进行规劝，但是齐景公不听。饮了一会酒，齐景公外出解手从晏婴身前走，晏婴不起身致礼；齐景公回来时从晏婴面前经过，他还是不起身致礼，对此，齐景公已有几分不快了。待到大家举杯饮酒时，晏婴不等齐景公先喝，便抢先喝了自己杯中的酒，对于晏婴一再违礼的做法，齐景公再也忍不住而大怒起来：“晏子，你一向主张无礼不可。今寡人出入你不起身，举杯时你又抢在寡人前喝酒。难道这就是礼吗！”晏婴连忙离席再拜，然后对齐景公说道：“晏婴怎敢违背君王在酒宴上所说的不需用礼的话。我刚才的举动是遵您的旨意而办的。君王如果真的想不拘礼的话，其后果必然这样，难道能说我无礼的做法不对吗?”齐景公于是恍然大悟，便请晏婴入席，然后按照君臣饮酒的礼仪，行三巡酒而结束了酒宴。

由此可知，传承已久的饮宴礼仪是不能随便打破的，齐景公所说的不用拘于礼的话只不过是酒席上的醉语而已，一旦别人真的在酒桌上不讲君臣之礼，他就受不了了。

饮酒不讲礼不仅在官宴上不允许，就是在平民百姓的酒席上也会遭到人们的指责或被罚酒。

(一)古今通行饮酒礼仪

1. 无酒不成席。凡设席宴客必置酒，否则被视为对设宴不重视或对被宴请的客人不尊重。即使主宾或主人不胜酒力，也应拿些红酒、啤酒甚至米酒充当，总之，酒席中少了酒就失去了灵魂。

2. 七分茶八分酒。这是流传很广的一句话，也就是说给客人沏茶只能沏七分，而斟酒只能斟八成。常说的“满上满上”就是指斟上八成酒而言。这也是暗示喝酒之人不可贪杯过量，就是有十成酒量的人，喝到八成就好了，这样既不伤身体，又不会出洋相，这可谓是斟酒的一礼。

3. 叩指礼：当主人给你斟酒的时候，把食指和中指捏在一块，轻轻地在桌边上点几下，以示感谢，就叫“叩指礼”。说起来还有一个民间传说呢！那是乾隆皇帝微服私访江南的时候，和太监一块饮酒，乾隆让太监坐在旁边。本来，朝廷里规矩多，奴才见了主子都得三叩九跪，太监和皇上坐在一块，他真得要喊几声“谢主隆恩”了。可这是微服私访，不能暴露身份，于是，聪明的太监就想出这么个办法，用三个指头在桌边轻轻地点了九下，象征着三叩九跪。后来，慢慢流传到民间，一直沿续至今，只不过没有点那么多下罢了。这个礼节在我国广东、福建以及香港、新加坡、马来西亚等地尤为盛行。

4. 先干为敬。两人碰杯，以先干者为表敬意。下级向上级敬酒碰杯时，下级先干；晚辈向长辈敬酒碰杯时，晚辈先干；男士向女士敬酒碰杯时，男士先干。总之，先干者表示对对方的敬意和尊重。

5. 低杯为敬。两人碰杯，身份低者或年轻者与身份高者或年长者敬酒碰杯时，前者应将杯身略低于后者的杯身为佳，否则为不礼貌。

6. 起身为敬。同桌敬酒，如身份、年龄相差较大，年轻、身份低者应站起向长者或身份高者敬酒。个别为表敬意，也可下位走近长者或身份高者身旁敬酒。

7. 双手捧杯为敬。年轻、身份低者向长辈或身份高的人敬酒，以双手握杯为表尊敬。

8. 碰杯必喝干。通常所说干杯，都是象征性的，而酒杯与酒杯相碰之后，则必须喝干，并且还应将酒杯倒过来，以示干净。若杯中还有酒滴出来，滴一滴就要罚酒一杯。

9. 敬酒讲秩序。同桌敬酒，讲究一定的秩序。随从人员陪上司宴请来宾时，陪同人员不可抢在上司之前向来宾敬酒，而应让上司先敬后，随从再敬。敬酒讲究顺序，或从最尊贵的客人敬起，以席上人员地位或年龄的高低，依次往后敬；或从主宾开始，顺时针方向敬。只要敬酒，全桌皆要敬，不可遗漏。

10. 代酒讲规矩。酒宴上，对方给自己敬酒，而自己又不胜酒力，这时可请人代酒(代饮)。代酒讲究一定的规矩：只能上级找下级代、年长者找年轻者代、女士找男士代，反之，则为不礼貌。

(二)饮酒之礼忌

忌者，人之忌讳也。酒具有兴奋和麻醉神经的作用，人一旦饮酒过量，容易控制不住自己的情感，并失去理智，因而会导致一些失礼的行为发生。

1. 忌纵饮无度。孔子说："饮酒以不醉为度。"然而有许多人却喜欢贪杯，贪杯则易醉，醉酒易失礼。醉酒之人往往话多，话多必失，酒后吐真言，如果吐出的是一些矛盾，则易引起纠纷；如果吐出的是机密，则是违法行为。因此，嗜酒者切忌贪杯、酗酒。

2. 忌闪约。朋友相邀，既已应约，须准时赴会。否则，酒菜已上，众宾客就座，唯独你一个人迟迟不来，不等你为不恭，等你又酒菜易凉，又似怠慢到席之人，徒使主人焦急为难。

3. 忌久饮不休。饮酒的时间，应有所控制，喝了即止，切忌"打疲劳战"、"持久战"，动则"为长夜饮"。即使有朋自远方来，边饮边叙，时间不免要长一些，但也不应忘乎所以，不顾休息，以免影响来日的生产、工作和学习。

4. 忌苦劝。要敬酒，可劝酒，但不能逼酒。应该"酒逢知己千杯少，能喝多少喝多少"。善意的劝酒，目的是使人喝好尽兴，绝非将人灌醉，使其遭罪。愿饮者，不用劝，不善饮者，不宜强劝。此外，劝酒不应"轮番轰炸"，盯住一人，你敬我劝，都来"亲近"，人欲推辞，则必以种种理由强其干杯，或云："你喝了张三的，不喝我李四的？"或说："你喝了领导的，不喝群众的？"总之，不达目的，誓不罢休。须知，即使"酒场宿将"，也经不起"车轮战术"，如此下去，是非让人醉不可了。那么，你劝酒的善意又在哪里？

5．忌不诚恳。不诚恳有种种表现，一是以水代酒，捉弄他人。酒席之上，觥筹交错，主客欢饮，必欲尽兴，不诚之人，乃趁机暗做手脚，以水代酒，邀人干杯，与人争胜。一旦"把戏"被人揭穿，则必当场丢丑，留下话柄。二是入口不咽，暗地吐出。邀人同饮或被邀同饮，故作豪爽，二话不说，引颈举杯，倾酒入口，引得旁人喝彩叫好，然而就在这喝彩叫好声中，此君或若不经意而回身，或极自然而低首，则酒已吐之于地，旁人却浑然不觉；或酒刚入口，随即掏出手帕拭唇，趁势将酒吐之于手帕上。三是初饮推托，将散不休。常见一些"耍心眼"、"留后手"者，参加宴饮，唯恐喝醉，初饮时小心翼翼，略略沾唇而已，一巡过后，别人已酒尽杯空，他的杯中犹然半满。别人见此情形，必然出面劝酒，此君则连称己不善饮，谦恭有加。别人信以为实，也就准其随意自饮，不再强劝，酒宴自始至终，在一片和谐欢乐的气氛中进行。不想酒宴将阑，众人微醉之际，此君却突然酒瘾大发，酒兴大盛，呼甲唤乙，发动攻势，弄得众人瞠目结舌，不知所措，欲罢不甘，欲饮不能，不欢而散。四是能饮不饮，表面敷衍。众人干杯，能饮而不饮尽。更有一等人，"看人下菜碟"，如果有地位有身份的人邀他干杯，他会情绪昂扬，一饮而尽；而一般人邀他干杯，则或推辞，或饮而不尽，淡然冷漠，往往伤害对方的自尊心。

6. 忌争执骂座。众人饮酒，本来图个愉快欢乐，如果酒后骂座，挑起争斗，就无异于聚众闹事了。即使在席双方平素有些疙疙瘩瘩，但既然坐在一起，又当着其他宾客，双方就应克制，最好是趁此机会，彼此解释前嫌，言归于好，这样将给酒宴添辉，主客皆为之祝贺、高兴，切忌“酒后借端，发泄宿怨”，出言无忌，指桑骂槐，弄得主人不安，客人不快。

7. 忌当场呕吐。一旦饮酒过量，觉得反胃时，应赶快离开酒桌，切不可当场呕吐，那样既不卫生，又大煞风景。

8. 忌不遵令。众人饮酒，人人都要遵守酒席上的规矩。特别是飞觞行令时，酒令大于军令，一定要听令而行。第一是要听清楚酒令的内容、要求，不可违令。第二违令时要认罚，不得推托抵赖。

9. 忌酒后饭上。按照我国多数地方的民间礼俗，吃完饭以后就不能喝酒，而在喝酒之前却可以吃面。因为“饭”和“犯”，“酒”和“久”是谐音字，若是吃饭后喝酒，就会被喻为“久后犯上”，对长辈不敬，要触犯上人；若是先吃面后喝酒，则被喻为：“久后面上”，会孝顺老人，已经成为习俗，在喝酒前是忌讳吃饭的。

第四节 饮茶礼仪

茶是世界三大饮品(酒、茶、咖啡)之一，也是中国的“国饮”。我国历来有“客来敬茶”的礼俗，早在3 000多年前，茶已被奉为礼品与贡品，到两晋、南北朝时，客来敬茶已经普遍成为人际交往的社交礼仪。

当今社会，饮茶更是人们日常社交活动不可缺少的一项内容，并形成了一系列与日常生活相适应的礼仪。

一、茶的种类及其特点

茶树的鲜叶采摘后经过加工即制成各种茶叶。所有的茶叶可分为两大类：基本茶类和再加工茶类。基本茶类包括绿茶、红茶、乌龙茶、白茶、黄茶、黑茶。再加工茶类包括花茶、紧压茶、萃取茶、果叶茶、保健茶。

绿茶。是我国产量最多的茶叶，占世界绿茶贸易总量的70%。绿茶的基本特征是叶绿汤清，加工工艺是鲜叶采摘后经过高温杀青，然后经揉捻、干燥后制成（揉捻后用热锅炒干称为炒青，揉捻后进行烘干的称为烘青，烘青的绿茶主要用来窨制花茶）。著名的绿茶品种有杭州的龙井、苏州的碧螺春、江西婺源的婺绿和庐山云雾、安徽屯溪的屯绿和六安瓜片以及河南的信阳毛尖等。绿茶中有所谓“明前茶”和“雨前茶”，是在每年清明和谷雨前采摘嫩芽幼叶制成，特别珍贵。

红茶。红茶的基本特征是叶红汤红。红茶的加工工艺是鲜叶采摘后不用高温杀青，而是经过萎凋、揉捻、发酵（绿茶是不发酵的），叶子变红后再进行干燥。红茶又分为小种红茶（经过松柴烟熏具有特殊松烟香味）、工夫红茶、红碎茶（将叶片切碎后再发酵、干燥）。著名的品种有安徽的祁门红茶（祁红）、云南的滇红、江西的宁红等。

乌龙茶。乌龙茶也称青茶，外形色泽青褐，属于半发酵茶。其加工工艺是鲜叶采摘后经过晒青萎凋、反复数次摇青，叶子进行部分发酵红变，然后经高温锅炒、揉捻、干燥而成。

冲泡后叶片上有红有绿，汤色黄红，有天然花香，滋味浓醇。著名品种有福建的武夷山岩茶、安溪铁观音等。

白茶。白茶属于轻微发酵茶，基本工艺是萎凋、晒干或烘干。成茶芽叶自然舒展，满披白色茸毛，汤色清淡，主产于福建福鼎一带。

黄茶。是鲜叶杀青、揉捻后经过堆积闷黄，再炒，再堆积闷黄，然后烘焙干燥。著名的品种有湖南岳阳的君山银叶、安徽的霍山黄芽、四川的蒙顶黄芽等。

黑茶。一般原料较粗老，制作过程中堆积发酵时间较长，叶色油黑，故称为黑茶，可以直接饮用，也可制成紧压茶销往边区供少数民族消费。

花茶。一般是用烘青绿茶和香花拌和窨制，使茶叶吸收花香制成花茶，有茉莉花茶、白兰花茶、珠兰花茶、桂花茶等品种，以茉莉花茶最常见。北方群众饮花茶者较多。

紧压茶、萃取茶、果味茶和保健茶。紧压茶是用各类茶叶经过加工蒸压成一定形状，如销往边区的砖茶、云南的普洱茶（沱茶）。萃取茶是用热水萃取茶叶中的可溶物，过滤后获得茶汤，再经过浓缩干燥成固态的“速溶茶”或不经干燥的液态的“茶饮料”。果味茶是在茶中加入果汁制成茶饮料，如柠檬茶、橘汁茶等。保健茶则是在茶中加入中草药，加强防病治病的工效。严格说来，后两者茶的比重较小，如保健茶中更多的是靠中草药发挥作用，不能算是真正的茶。

二、约定俗成的饮茶礼仪

1．“客来敬茶”。客来敬茶是我国生活礼仪的一项重要内容。有朋友来作客，主人首先要奉上一杯清茶。“请喝茶!”通常是主人对客人表示欢迎或尊重的一句话。待人以茶，常被视为高雅之举。我国古代许多清廉高洁之士，奉行“淡泊以明志，宁静以致远”的人生哲学，而淡泊正是茶的天性。现代社会流行“喝茶的男人不会变坏”、“喝茶的女人更加可爱”的名言，充分说明，饮茶可以使人达到一种平静和谐的心灵境界，它可以陶冶个人性情，培养高雅情趣，协调人际关系，有助于社会风气的改良，有助于社会秩序的稳定。

2. “端茶送客”。茶可用来敬客，在中国历史上，也有用茶逐客的。这种做法多见于官场中。如大官接见小官，倘若有言语冲突，或言繁而烦心，大官就会严肃地端起茶杯，以一种端茶的特殊方式，示意侍从送客。相传，民国初时，孙中山先生为求团结救国，曾北上去找清政府李鸿章，面呈政见，但由于话不投机，不一会李鸿章就生气地喊道：“端茶!”于是孙中山忿然起立，拂袖而去。端茶逐客与客来敬茶的美德是背道而驰的，在提倡社会文明进步的今天，这种习俗应当扬弃。

3. “茶三酒四”。茶三酒四所表示的意思是品茶时，人不宜多，以二三人为宜。而喝酒则不然，与品茶相比，人可以多些。明人陈继儒在《岩栖幽事》中提出：“品茶，一人得神，二人得趣，三人得味，七八人是名施茶。”人多嘈杂，不可能静心品饮，只不过是喝茶解渴而已。因此，如果是以品茶为形式的社交活动，人数以两三人为佳。

4. “浅茶满酒”。在中国民间有一种习俗，叫做“茶满欺人，酒满敬人”或叫“浅茶满酒”。它指的是，在用玻璃杯或瓷杯或盖碗直接冲泡茶水，用来供宾客品饮时，一般只将茶水冲泡到品茗器的七八分满为止。这是因为茶水是用热水冲泡的，主人泡好茶后，马上奉茶给宾客，倘若满满的一杯热水，无法用双手端茶敬客，一旦茶汤晃出，又颇失礼仪。其次，人们品茶，通常采用热饮，满满一杯热茶，会烫坏嘴唇，这不是叫人无法饮茶吗？这会使宾客处于尴尬场面。另外，是茶叶经热水冲泡后，总会或多或少地有部分叶片浮在水面。所以，人们饮茶时，常会用嘴稍稍吹口气，使茶杯内浮在表面的茶叶下沉，有利于品饮。而饮酒则不然，习惯于大口畅饮，显得更为豪放，所以在民间有“劝酒”的做法。加之通常饮酒，不必加热，提倡的是温饮。即使加热，也是稍稍加温就可以了，因此，大口喝酒，也不会伤口。所以说浅茶满酒，既是民间习俗，又符合饮茶喝酒的不同特点。

5.“七分茶三分情”。七分茶、三分情，其实就是浅茶满酒的体现。其做法是主人在为宾客分茶或直接泡茶时，用量正好控制在品茗杯(碗)的七分满为止，而留下的三分空间，当做是充满了主人对客人的情意。其实，这是泡茶和品茶的需要，而民间，则上升成为融洽宾主关系的一种礼仪行为。

6.“叩桌行礼”。人们在饮茶时，能经常看到冲泡者向客人奉茶、续水时，客人往往会端坐桌前，用右手中指和食指，缓慢而有节奏地屈指叩打桌面，以示行礼之举。在茶界，人们将这一动作俗称为“叩桌行礼”，或叫“曲膝下跪”，是下跪叩首之意。这一动作的寓意，与前面所说的“叩指礼”相同，均表示对主人的尊重。不过，这一寓意动作，又有了新的发展。有的茶客也会用一个食指叩桌，表示我向你叩首；倘用除大姆指以外的其余四指弯曲，连连叩桌，寓意我代表大家或全家向你叩首。这种情况，多用于主人向你敬茶时运用。

7.“以茶代酒”。在中国民间有以茶代酒之习俗，无论在饭席、宴请间，还有为朋友迎送叙谊时，凡遇有酒量小的宾客，或不胜饮酒的宾客，总会以茶代酒，以饮茶方式来代替喝酒。这种做法，不但无损礼节，反而有优待之意。所以，在中国，此举随处可见。宋人杜耒诗曰：“寒夜客来茶当酒，竹炉汤沸火初红。寻常一样窗前月，才有梅花便不同。”说的就是这个意思。

8.“及时续水”。按照中国民间饮茶礼仪，当客人饮茶时，茶杯中的茶水只剩三分之一时，就得续水，否则就视为主人不热情，或认为主人不愿与来客多谈，请客人离开。因此，在日常接待活动中，一定要注意及时为客人续茶水。

9.“捂杯谢茶”。宾主双方经过长时间品饮聊天后，来宾要告辞了。这时如果主人或服务生续水，客人可以用左手掌轻轻按一下杯(碗)口，意思是：谢谢你，请不必再续水，我要告辞了。使用这种无声的语言，既显来宾讲礼貌、有涵养，又符合“廉、美、和、敬”的中国茶道精神。

10.“饮茶五忌”。在较为正式的场合饮茶时，应禁止下面五种不文明行为，统称“五忌”。一忌狼吞虎咽；二忌连饮数杯；三忌响声大作；四忌嚼食茶叶；五忌吐回杯中。

三、中国地方特色茶品饮礼仪

中国悠久的饮茶历史，积淀了丰富多彩的茶文化。不同地区、不同民族，都有各具特色的饮茶风格和饮茶礼仪。

1. 闽粤工夫茶。福建、台湾、广东等地盛行工夫茶饮茶习俗。长方瓷盘，盛一茶壶，四只小杯，用武夷乌龙茶冲泡。其程序是：先用沸水遍淋茶具，将茶叶置壶内，开水冲泡后立即倒掉，这叫“洗茶”。工夫茶冲泡后，应立即加盖，其上再淋一次沸水，以提高壶中茶水温度，这叫“内外夹攻”。但斟茶宜低，这叫“低斟”。为了使几个杯中茶水浓度均匀一致，斟茶时要来回往复注茶汤入杯，这叫“关公巡城”。若一壶茶汤，正好斟完，这叫“恰到好处”。讲究点，还要将茶壶中的最后几滴茶汤，分别一滴一滴地将它注入各个杯中，使各杯茶汤浓度不致有浓淡之分，这叫“韩信点兵”。一旦茶叶冲泡完毕，主人示意啜茶，啜茶时，一般用右手食指和拇指夹住茶杯口沿，中指抵住杯子圈足，这叫“三龙(手指)护鼎”。品茶时，要先看汤色，这叫眼品；再闻其香，这叫鼻品；而后啜饮，这叫口品。如此三品啜茶，不但满口生香，而且韵味十足，才能使人领悟到啜工夫茶的妙处。

2. 成都盖碗茶。成都市普遍流行的一种饮茶民俗。使用古色古香的三件头配套茶具：茶碗盛茶啜饮。茶盖保温，调节茶汁浓度并作过滤器。茶托防止烫手，以便端放。盖碗茶选用的茶叶多为茉莉花茶、龙井、碧螺春等名品，汤色清亮，耐泡、味长。盖碗茶的特色之处在于冲泡手法：茶博士持一两尺高的铜壶，在三尺开外顺手一点，水柱呈一条弧线，准确落于碗中，不洒不溅，恰与碗齐。待盖碗茶冲泡好后，则用左手提起碗托，右手掀盖，将茶汤上面浮着的茶叶用碗盖由里向外刮去，随即倾碗将茶汤徐徐送入口中，清香鲜爽便会应运而生。

3. 湖南擂茶。又名“芝麻豆子茶”、“七宝擂茶”，湖南中西部地区古老的饮茶习俗。其制作方法大致是：茶叶与炒熟的花生、芝麻、米花及盐胡椒(粉)等一起放在特别的陶擂钵内，然后用硬木擂棍用力旋转，使各种原料互相混合，再取出倾入碗内，用沸水冲泡，用调匙轻轻搅拌几下，即成擂茶。喝擂茶还有一条规矩，就是当主人向客人奉上一碗擂茶时，倘不懂规矩，马上喝下去时，主人就会眼明手快，操起勺子，给你添上第二碗，如此继续，会使你不堪忍受。其实，如果你不想再喝，可千万别喝下去，只要将碗中的擂茶保持满碗，到临走时一喝而尽就是了。

4．北京大碗茶。大碗茶系用大号碗装茶而得名，主要流行于北方，尤以北京为盛。所选茶品，以大宗茶为主，随着社会的进步，茶品选料也越来越讲究高档了。大碗茶讲究的是大桶装水，大壶泡茶，大碗畅饮，特别是在天气严寒的北方，如此趁热饮用，可去寒提神解疲劳。这种大碗清茶的喝茶方式，虽然比较粗犷，甚至有点野意，但它随意，价廉物美，自然受到人民大众的欢迎。

5．港粤凉茶。喝凉茶习俗多流行于香港、广东、广西等地。凉茶主要是为了适应岭南天气湿热，人们易患燥热、风寒、感冒等症而配制成的一种保健茶，特别是夏天，卖凉茶成为华南地区一道风景线。南方的凉茶与北方的大碗茶，在饮用方式上有许多共同之处，如只要一张木方桌、两个木茶桶、一个竹茶勺，几把竹椅子，便可随遇而安。唯有一南(方)一北(方)，一冷(茶)一热(茶)，一(茶)杯一(茶)碗，有些差别而已。

6．蒙古奶茶。到蒙古不喝奶茶等于没到蒙古。奶茶是蒙古民族最重要，也是最有特色的食品，在蒙古流传有“宁可一日不吃，不可一餐无茶”的谚语。奶茶系用砖茶研细末于小布袋中，入水煮出茶汁，加进三五成牛奶和少许盐(或糖)调制而成。

蒙古族是个好客的民族，喝茶也十分重视礼节。如果家中来了尊贵的客人，首先要让客人坐在蒙古包的正首。在客人面前，摆上低矮木桌，端上大盘炒米花，以及糕点、奶豆腐、黄油、奶皮子、红糖等各式食品。上奶茶时，通常由长儿媳双手托举着带有银镶边的杏木茶碗，举过头顶，敬献给客人，次敬家族长辈，一旦客人起身用双手接过奶茶，一般先用口唇咂一下奶茶，以示对主人的敬意。碗中奶茶一般以七、八分满为度。随后，宾主即可根据各自的口味，选用桌上食品随意调饮。如果有朋从远方来蒙古族同胞家中作客，不敬奶茶和饮奶茶用的食品，视为有失礼仪和脸面，意为“无茶无脸”。即使在蒙古族自己家中饮茶，也有一定规矩：一旦熬好奶茶放在桌上后，儿媳妇总要将第一碗奶茶用双手奉给长辈，然后按照辈份，再依年龄大小依次一一奉给。它充分反映了蒙古族同胞“尊老尚德”的道德规范，至今依然如故。

7. 藏族酥油茶。酥油茶是一种在茶汤中加入酥油等佐料，再经特殊加工而成的一种风味茶汤。在青藏高原地带，人烟稀少，家中少有客人进门，偶尔有客来访，可招待的东西很少，加上酥油茶独特的暖身御寒、补充营养的作用，因此，酥油茶便成了西藏人款待宾客的珍贵礼仪。来到藏民家作客，藏民往往要给客人敬上三四碗酥油茶，客人不可轻易谢绝，同时又不能喝得见底，直到告辞，碗中也要“留有余茶”。值得一提的是，藏族同胞喝茶的茶碗，还是饮茶者身份高低的一种象征。这种茶碗，无盖无托，犹如盛饭用的碗大小，用木头雕刻而成，称之为贡碗。最上等的茶碗，碗的外壁以灿黄为底色，其上有雕刻成龙和凤的，也有八瓣莲花座的，这种茶碗专门用来供活佛、有威望的僧侣，以及地位相当的人使用；二等的茶碗，多以浅蓝为底色，外壁雕刻有雄狮图案，或有半透明的花纹，这种茶碗专供一般僧侣、老年人和部落知名人士使用；三等的茶碗，一般以白色为底色，外壁雕刻有牡丹一类的大花朵，通常为牧民帐篷主人，或者是做酥油茶的主妇自己使用的，所以，在藏族家庭成员中，哪个人使用哪只碗是固定不变的。许多藏民，将茶碗随身携带。若到别的帐篷去作客，客人从怀中取出茶碗，请主人赐茶，并非是失礼之举。

8. 侗族油茶。桂北、湘西、黔东一带侗族民间的传统饮茶习俗。油茶是先用茶子油将糯米炒焦，将茶叶与盐略煮后滤出茶汁，再在每碗中放入炒米花、米花仁、炒黄豆等物，用沸滤的茶汁一冲即成。侗族打油茶礼仪讲究，宾客在火塘边落座后，每人面前置一大碗和一双筷子，主妇放入食物，冲好茶汁后，依序轮饮。如此行茶三遍后，才算尽了主人之谊，这叫“三碗不见外”。吃罢第三碗，客人可将一只筷子横放碗上，表示已经喝饱，如不放筷子，主妇则打第四轮、第五轮，直到你放筷为止。由于油茶加有许多配料，制油茶费工、花时、技艺高，所以，给客人喝油茶，是一种高规格的礼仪。

思考题

1. 中餐礼仪有哪些讲究？

2. 西餐礼仪有哪些讲究？

3. 敬酒礼仪有哪些讲究？

第八章　宗教礼仪

宗教是人类社会发展到一定阶段出现的历史现象，有其产生、发展和消亡的过程。随着社会的进步和历史的发展，宗教也在不断演变。由部落宗教演化为民族宗教，一些宗教进而发展成世界宗教。在宗教发展过程中，各种宗教逐渐形成了自己的教义信条、神学理论、清规戒律和祭仪制度等。

目前，世界上存在着佛教、犹太教、基督教、道教、伊斯兰教、印度教、神道教等多种宗教。全世界现有宗教信徒30多亿，其中大多数为当今世界三大宗教——基督教、伊斯兰教、佛教的信徒。

宗教是社会意识形态之一，是上层建筑的一部分。宗教不仅对信徒的思想观念产生深刻的影响，而且对他们的行为方式也有着重要的影响。宗教礼仪是宗教信仰者为了表达对崇拜对象的尊敬和崇拜而规定或约定俗成的仪式、礼节、活动等，对于坚定和巩固信徒的信念，激发和增进信徒的宗教感情有着重要的作用。了解宗教礼仪，尊重不同民族不同宗教信仰者的习惯，是扩大对外开放的需要，也有助于我国人民与世界各国人民友好往来和文化交流的广泛开展。因此，本章着重介绍世界三大宗教的主要礼仪和主要节日。

第一节 基督教礼仪

基督教是世界三大宗教之一，有着悠久的历史、系统的教义和丰富的文化。基督教分为天主教、东正教和新教三大支派。天主教是原始基督教的直接延续者和继承者，又称罗马公教，也就是普世大公教会。东正教是在 1054 年由天主教分离出来的东方教会，也称为东方正教。新教为 16 世纪宗教改革运动中脱离天主教而形成，它自己不断分出许多宗派，亦译为“抗罗宗”或“更正教”。我国宗教界称之为“基督教”的教会，在国际上和学术界称为新教，也称基督新教，在中国民间称之为“耶稣教”，以区别于天主教和东正教。1807 年新教才正式传入我国。基督教有许多宗教礼仪和节日。它的礼仪核心是天主教七大圣礼。基督教的礼仪和节日的内容主要是在天主教和东正教中实行，新教经过宗教改革后，礼仪简化，主要的节日有：圣诞节、受难节、复活节以及圣灵降临节。

一、基督教礼仪

（一）天主教礼仪

每一种宗教信仰都有其表达信仰的方式，有其礼仪。天主教也有它自己的圣事礼仪，被称为“七件圣事”，即圣洗、坚振、告解、圣体、终敷、神品及婚配。天主教会认为，这七件“圣事”都是耶稣基督亲自确立，每个信徒通过领受“圣事”接受基督的恩典和宠佑。

1. 圣洗：又称洗礼，是天主教正式入教的仪式。通过施洗，可以洗去入教者身上的罪过，使领洗者接受基督的“恩宠”。受洗是一种记号，标志着受洗者从此成为基督的子民，有权领受其他“圣事”。施洗的方式分为注水洗和浸礼两种，天主教会普遍采用注水洗礼。

2．坚振：也称坚信礼，在入教者受洗后，再接受主教的按手礼和敷油礼。在举行此礼时，主教手画十字架，油膏脸面。它主要使信徒获得“圣灵”降身，坚定信仰，加强灵命。

3．告解：也称为忏悔，是教会为赦免教徒在受洗入教后所犯罪过并重新获得上帝恩宠而设。教徒向神甫告明所犯罪过，表示忏悔，神甫对所告的罪过严守秘密并指定忏悔者如何补赎。以此显明：使人除去死罪，使人免去永刑。

4．圣体：亦称为圣餐，是教会为纪念耶稣为赦免人类罪恶而代为牺牲肉体和血而设。有面饼（耶稣肉体）和葡萄酒（耶稣血）两种圣体。天主教“圣体”仪式是在举行完弥撒后，由主教（或神甫）主礼。圣体是灵魂的粮食，它的功效主要是“增圣宠，加神力”，与基督契合，保存和滋养灵性生命，保证天堂永福和未来肉身复活。

5．终敷：是天主教神甫向临终的教徒敷擦圣油并念诵经文的圣事礼仪。当信徒年迈或病危时，神甫要用油敷擦人身上的眼、耳、鼻、唇、手、脚、腰七处部位，并画十字架。借此仪式可以使受敷者领受基督恩宠，减轻其痛苦，赦免在世之罪过。

6．神品：又称授圣职、授神职，通过授任祝圣礼仪，使被祝圣者接受一定的神职，为上帝的子民服务。

7．婚配：是天主教徒结婚时由神甫在教堂举行的圣事礼仪。通过婚配礼仪，双方正式结为夫妻，接受祝福。这种婚姻具有一定的稳定性和制约意义。此礼教导婚姻双方一夫一妻制，不可分离。

（二）东正教的礼仪

东正教是基督教的三大派系之一，自称信奉正统的基督教教义。东正教起初盛行于巴尔干半岛、西亚和北非地区，后来传播到俄罗斯、东欧、北美和其他一些国家。在当今中亚、近东、东欧、俄罗斯等地区人们的生活中，它仍然起作用。

神圣礼仪乃是东正教的基督徒正式聚集的集体行动。教会的集体行动是上主召叫的行动；他们形成一个群体，一起敬拜、祈祷、歌唱，聆听上主话语，接受律法的教导，在基督里向天父感恩，经历上主永恒的国度。东正教会通常是在主日举行神圣的礼仪，主日是在安息日之后。

东正教在圣礼上也有七件圣事，与天主教大致相同，同时它在节日、斋戒上也与天主教大致相同。但由于东正教不接受天主教的某些教条，因而两者的节日仪式有所不同。东正教比较坚持古代基督教会的教义和传统礼仪，强调与神交通的神秘意义和礼拜活动的神圣气氛。其教士们穿着很夺目，教堂布置得庄严和华美，挂满了圣徒像，特别在举行宗教仪式时，教堂内烛光万点，唱诗班和信徒的合唱美妙动听，常使参加者陶醉于其中。东正教教士衣着与天主教不同：东正教主教头戴圆筒帽，身穿银白色或黑神袍，胸挂圣像，手持权杖；天主教主教则头戴瓜子帽或四角帽，身穿金黄色长袍，胸挂十字架，手戴权戒。在圣餐礼上，东正教徒是同领饼和酒；而天主教规定，只有神职人员才能同领饼和酒，平信徒只能领饼。东正教准许除主教以外的一切神职人员结婚，而天主教则规定，一切神职人员不能结婚。在做祈祷时，信徒要用手在胸前画十字。东正教在改革以前是用两个手指画十字，现在用三个手指(拇指、食指和中指)在胸前自右向左、自下向上画十字；天主教则用整个手掌在胸前自左向右、自上向下画十字。东正教还有一些特殊的仪式，如水祓除仪式，这是用斋戒沐浴等方法除灾求福的宗教仪式。

(三)新教的礼仪

新教提倡简化礼仪，在衣着上比较自由，礼仪上只保留洗礼和圣餐两大圣礼，在崇拜中注重讲道。洗礼有点水礼和浸水礼两种。接受洗礼是耶稣基督的命令，信而受洗，表明与主同死、同埋葬、同复活，归入基督。其教会活动主要为讲道、唱诗、祷告等。圣餐：是由基督亲自设立，也要求信徒守此礼。圣餐的意义在于：纪念主恩；杯是立约的血；与主相会；肢体契合(同领一饼一杯，信徒相交)。

礼仪复杂的是天主教和东正教。新教礼仪相对少些，强调人与上帝的直接联系，通过圣经和上帝交流。

二、基督教节日

基督教有不少节日，节日中有很多礼仪。在节日上，东正教的一些大的节日与天主教节日大体相同，只是称谓不同。东正教的其他一些小型节日则因民俗习惯不同而与天主教不同，如乔治节、尼古拉节、彼得节、殉教节等。对于较为重要的节日，东正教与天主教也有所不同。此外，东正教还很看重下列节日，常举行大的纪念活动，这就是主割礼节、圣母节、施洗约翰诞生节、施洗约翰砍头节、彼得节和保罗节等。

天主教有四大瞻礼（主要节日）和八大节日。

（一）四大瞻礼

1. 耶稣圣诞瞻礼：纪念耶稣诞生的节日，也称圣诞节，日期为12月25日。耶稣诞生的确切时间和日期，圣经并无记载。公元336年罗马教会开始在12月25日纪念耶稣诞生。5世纪中叶以后，耶稣圣诞瞻礼作为天主教的一个重要节日成为教会的传统。教徒一般都会参加12月24日午夜12时（即25日零点）在教堂举行的子时弥撒。现在，圣诞节在欧洲、美洲、大洋洲及非洲和亚洲的一些国家和地区已经成为民间习俗中的主要节假日之一。

2. 耶稣复活瞻礼：即平常人们所说的复活节，是纪念耶稣被钉十字架死后第三日复活奥迹的节日，每年春分第一个月圆后的第一个星期日为耶稣复活瞻礼主日。庆祝活动一般持续7天，而且瞻礼前还有隆重的庆祝仪式和活动。在欧洲、美洲、大洋洲及非洲和亚洲的一些国家和地区，复活节已经成为民间的主要节假日之一。

3. 圣神降临瞻礼：纪念圣神降临的节日，在耶稣复活瞻礼后第50天即耶稣升天瞻礼后第10天庆祝。圣神降临瞻礼也称圣神降临节，又称“五旬节”，是天主教会最重要的节日之一。圣神降临于人间，在神学上意味着天主圣子耶稣基督升天后，天主圣父差遣圣神永驻并运行于人间，关照信徒、教会和人世。

4. 圣母升天瞻礼：纪念圣母马利亚肉身和灵魂一同荣召升天的节日，也称圣母升天节，日期为8月15日。

(二)八大节日

它们是：三王来朝节、大圣若瑟节、圣母领报节、圣十字架节、诸圣瞻礼日(也称万圣节，纪念“所有在天享荣福的得求诸圣”的节日，日期为11月1日)、追思节、圣母献堂节、圣母无染原罪始胎节(纪念圣母“始胎无玷”的节日，日期为12月8日)。

而东正教主要有十二大节日，即主降生节、主领洗节、主进堂节、圣母领报节、主进圣城节、主升天节、圣三主日节、主显圣容节、圣母安息节、圣母圣诞节、举荣圣架节、圣母进堂节。此外，还有许多专门纪念“有灵”圣像的节日。东正教实行牧首制，牧首是教会的最高领导。16世纪至今，俄罗斯东正教实行的也是牧首制。对新教来讲，节日不是那么多，主要是圣诞节、受难节和复活节等。

圣诞节和复活节是天主教、东正教、新教共同庆祝的重要节日，已融入民俗文化，成为民间习俗中的节日，在全世界有很大影响。因此，在这里着重介绍一下圣诞节和复活节。

1. 圣诞节

圣诞节是基督教世界最大的节日。这一天，世界所有的基督教会都举行特别的礼拜仪式，是一个普天同庆的日子。4世纪初，1月6日是罗马帝国东部各教会纪念耶稣降生和受洗的双重节日，称为主显节，亦称显现节，即上帝通过耶稣向世人显示自己。当时只有耶路撒冷的教会例外，那里只纪念耶稣的诞生而不纪念耶稣的受洗。后来，历史学家们在罗马基督徒习用的日历中发现公元354年12月25日页内记录着：“基督降生在犹大的伯利恒。”经过研究，一般认为12月25日定为圣诞节可能开始于公元336年的罗马教会，大约在公元375年传到小亚细亚的安提阿，公元430年传到埃及的亚历山大里亚，耶路撒冷的教会接受得最晚，而亚美尼亚的教会则仍然坚持1月6日主显节是耶稣的诞辰。

12月25日原来是波斯太阳神（即光明之神）密特拉的诞辰，本是一个异教徒节日，同时太阳神也是罗马国教众神之一。这一天又是罗马历书的冬至节，崇拜太阳神的异教徒都把这一天当做春天的希望，万物复苏的开始。可能因为这个原因，罗马教会才选择这一天作为圣诞节。这是教会初期力图把异教徒的风俗习惯基督教化的措施之一。后来，虽然大多数教会都接受12月25日为圣诞节，但又因各地教会使用的历书不同，具体日期不能统一，于是就把12月24日到第二年的1月6日定为圣诞节节期，各地教会可以根据当地具体情况在这段节期之内庆祝圣诞节。自从12月25日被大多数教会公认为圣诞节后，原来1月6日的主显节就只纪念耶稣受洗了，但天主教会又把1月6日定为三王来朝节，以纪念耶稣生时东方三王（即三位博士）来朝拜的故事。基督教新教和天主教规定于每年12月25日庆祝圣诞节，而东正教和其他东方教会由于历法不同，其12月25日相当于公历1月6日或7日。随着基督教的广泛传播，圣诞节已成为各教派基督徒，甚至广大非基督徒群众的一个重要节日。在欧美许多国家里，人们非常重视这个节日，把它和新年连在一起，而庆祝活动的热闹与隆重大大超过了新年，成为一个全民的节日。19世纪，随着圣诞卡的流行，圣诞老人的出现，圣诞节也开始流行起来了。

圣诞卡

是祝贺圣诞及新年的贺卡，上面印着关于耶稣降生故事的图画，以及庆祝圣诞、新年快乐之类的祝愿的话。

圣诞夜

根据耶稣诞生在夜里的故事，圣诞节的庆祝活动也从12月24日夜间开始，半夜时分达到最高潮。这一夜就被称为圣诞夜，也称为平安夜，时间指12月24日晚到25日晨。

报佳音

圣诞夜自12月24日晚至25日晨。教会组织一些圣诗班（或由信徒自发地组成）挨门挨户地在门口或窗下唱圣诞颂歌，叫做报佳音，意思是再现当年天使向伯利恒郊外的牧羊人报告耶稣降生的喜讯。报佳音的人称为"Christmas Waits"，这项活动往往要进行到天亮，人数越来越多，歌声越来越大，大街小巷尽是歌声。

圣诞颂歌

圣诞节时唱的赞美诗称为圣诞颂歌。圣诞颂歌非常多，曲谱多取自著名音乐家的名作。经常唱的有《普世欢腾》、《马槽歌》、《三博士歌》、《圣诞佳音歌》、《牧人闻信歌》、《小伯利恒歌》、《荣耀歌》、《新生王歌》、《圣诞夜歌》、《平安夜》等，其中以《平安夜》最为有名。

据说，1818年在奥地利一个名叫奥本多夫的小镇上住着一个默默无闻的神父摩尔。这年圣诞节，摩尔发现教堂里管风琴的管子被老鼠咬坏了，修理已经来不及了。怎么庆祝圣诞呢？他忽然想起《路加福音》里记载着，耶稣降生时，天使向伯利恒郊外的牧羊人报佳音后，高唱颂歌：在至高之处荣耀归于上帝，在地上平安归于他所喜悦的人。他灵机一动，根据这两句经文写成一首赞美诗，取名《平安夜》。摩尔写好歌词后拿给本镇小学教师葛路伯看，请他谱曲。葛路伯读完歌词很受感动，谱好曲，第二天在教堂里演唱，大受欢迎。后来有两个商人路过这里，学会了这首歌，他们为普鲁士国王威廉四世演唱，威廉四世听后极力赞赏，下令把《平安夜》定为全国教堂过圣诞节时必唱的歌曲之一。此外，有条件的教堂每年圣诞节时还会演唱德国著名音乐家亨德尔的《弥赛亚》等音乐作品，通过这些音乐崇拜活动来加强节日的喜庆气氛。

圣诞老人

据说，圣诞老人原是小亚细亚的一位主教，名叫尼古拉，他因和蔼可亲慷慨济贫而闻名。死后被尊为圣徒。他被称为圣尼古拉。由于民间有关尼古拉的传说中，都关系到少年儿童和礼物，从此，圣诞老人便成为专门在圣诞节向孩子们送礼物的慈祥老人的形象。后来通过文学和绘画，圣诞老人逐渐成为身穿红外衣的白胡子老人形象。据传，每年圣诞节他驾着鹿拉的雪橇从北方来，由烟囱进入各家，把圣诞礼物装在袜子里挂在孩子们的床头上。所以，西方人过圣诞节时，父母把给孩子的圣诞礼物装在袜子里，在圣诞夜时挂在孩子们的床头。第二天，孩子们醒来后的第一件事就是在床头寻找圣诞老人送来的礼物。如今，圣诞老人已经成为吉祥如意的象征，是过圣诞节时不可缺少的人物。

圣诞树

圣诞树是庆祝圣诞节不可缺少的装饰物，如果家中没有圣诞树，就大大减少了过圣诞节的气氛，关于圣诞树的来源有多种传说。

一种传说是这样：大约在16世纪，圣诞树最先出现在德国，德国人在圣诞节的时候，把长年葱绿的松柏枝摆设在屋中，使之成为圣诞树，以增加圣诞节的气氛。以后德国宗教改革家马丁·路德把蜡烛安放在树林中的树枝上，然后点燃蜡烛，使它看起来像是引导人们到伯利恒去。现在人们已改用粉色的小灯泡来装饰圣诞树了。

另一种说法是：在很久以前，有个善良的农民，在圣诞节那天，遇到了一个穷苦小孩，热情地接待了他。临别时，孩子折下一树枝插在地上。树枝立即长成大树，孩子指着这棵树对救助他的农民说，每年今日，树上都长满礼物，以报答你们的盛情。所以，今天人们所见的圣诞树上总是挂满了小礼物。

圣诞树真正出现在圣诞节时，先见于德国，后传于欧洲和美国，成为圣诞节的重要装饰。圣诞树种类繁多，有美丽的天然松柏圣诞树，也有引人注目的人造圣诞树和白色圣诞树。每棵树上都装有五彩缤纷的装饰品，但每棵树的树顶上必有一个特大的星星，象征着三个博士跟随星星而找到耶稣，而且也只有该家庭的一家之主可以把这颗希望之星挂上。

圣诞袜

最早以前是一对红色的大袜子，多大都可以，因为圣诞袜是要用来装礼物的，是小朋友最喜欢的东西，晚上他们会将自己的袜子挂在床边，等待第二天早上的收礼。

圣诞帽

那是一顶红色帽子，据说晚上戴上睡觉除了睡得安稳和有点暖外，第二天你还会发现在帽子里多了点心爱的人送的礼物。在狂欢夜它更是全场的主角，无论你去到哪个角落，都会看到各式各样的红帽子，有的还是帽尖发亮的，有的是金光闪闪的。

圣诞礼物

据《圣经》记载，来自东方的圣人在耶稣降生的时候赠送礼物，这就是圣诞老人为儿童赠送礼品习俗的由来。英国少年儿童在圣诞前夕把长统袜子放在壁炉旁，相信圣诞老人在夜里会从大烟囱下来，给他们带来满袜子的礼物。

圣诞大餐

圣诞节作为一个隆重庆祝的节日，不能少了美味食品。圣诞节火鸡大餐就是例牌主菜了，以前的人们或许会用微波炉自己做，现在的人们过节很多就是在外面餐馆里用餐了，商家们也会利用机会招引顾客们，当然还有许多圣诞节食品，如姜饼、糖果等。

圣诞节尚有必不可少的节目，如有家庭式的、朋友式的、情人式的等各种各样。这是一段友情、亲情、爱情聚会的好时光。戴着圣诞帽，唱着圣诞歌，说说大家的圣诞愿望。

此外，圣诞节的民风民俗还有：圣诞柴与火、圣诞游行、圣诞邮票、圣诞花、圣诞果等。

2. 复活节

复活节是基督教纪念耶稣复活的节日，是最古老最有意义的基督教节日之一。根据《圣经》记载，耶稣被钉死在十字架上，死后第三天复活，后升天。每年在教堂庆祝的复活节日期是根据春分月圆后的第一个星期日这样一个时间来推断。在庆祝此节时，基督教有复活蜡烛点燃礼和蜡烛赞。庆祝活动中以大型复活蜡烛为中心，信徒们手持一只小小的燃烧着的蜡烛，以表示每个人的成义是由基督而来的。晚上在教堂有烛光游行。手持蜡烛的信徒们走完一段神圣的道路，游行结束了。执事将蜡烛置于祭台上，象征着基督临在于信徒的聚会中。基督徒参加复活节前夜的烛光游行，可亲身感受和体验其中的宗教内涵和氛围。

到了复活节，天主教徒在用食物之前，先要予以祝圣。鸡蛋同样很早就有了特殊的寓意：它象征着春天……新生命的开始。它还赋予一层宗教意义：象征着耶稣复活，走出坟墓。在复活节的早晨，信徒们见面时的第一句话就是："主复活了！""主真的复活了！哈里路亚！"意思是纪念当初耶稣复活后，门徒们互相转告这个惊人的喜讯。在西方国家，人们习惯互赠复活节彩蛋，因为鸡蛋象征生命与繁荣，复活节彩蛋因而也成为一种精致的工艺品。

东正教庆祝复活节有诸多礼仪。星期五是受难节，东正教堂里常安放着一个用木头制作的装饰性工艺品，形状像一座小房子。信徒们将之称为"墓祭铭"，上面有耶稣的画像和十字架。纪念仪式开始了，虔诚的信徒抬着墓祭铭，在教堂内缓缓而行。随着庄重肃穆的音乐，信徒们诵读着祷词，唱着赞美诗，把手中的鲜花撒向墓祭铭。这种仪式象征着耶稣的葬礼。星期六的午夜，烛光照射，信徒们手持蜡烛，坚信此为永不熄灭的火光。从教堂回来后，人们便围坐在餐桌旁，开始吃彩蛋。彩蛋要两人一起碰破，并且相互说一些特定的祝福的话，这种礼仪要一直持续 40 天之后耶稣升天。在星期天，希腊东正教信徒有吃羊肉的习俗，以纪念希腊从土耳其的统治下解放出来，这一风俗已经延续了几百年。聚餐也是家人团聚的美好时刻，有些人把朋友、亲戚邀在一起，烹制各种食品，共同庆祝耶稣的复活。

复活节是基督教各派都十分重视的盛大节日，其礼仪的特点是将一个又一个具体的仪式联缀在一起，再现耶稣受难及复活的事迹。天主教庆祝复活节也有其复杂礼仪。复活节循环期是一个较宽泛的节日期，因而复活期指的是从复活主日到五旬主日(圣神降临)50天的时间，是基督教礼仪的一个完整庆节，在礼仪年中称之为复活期。其间共有7个主日。复活主日礼仪即复活节的礼仪，是基督教节日中盛大的礼仪。基本程序为：耶稣的复活，复活第40天后升天，再过10天则是耶稣派遣圣神降临。在这50个日子里，又有一组与耶稣复活升天的节日和特殊的纪念日。如逾越节8日期、耶稣升天节、圣灵降临节等。

复活节前夕，孩子们为朋友和家人给鸡蛋着色打扮一番，这是一种表达关爱和祝福的方式。复活节那天早上，孩子们会发现床前的复活节篮子里装满了巧克力彩蛋、复活节小兔子、有绒毛的小鸡及娃娃玩具等东西。在多数西方国家里，复活节一般要举行盛大的宗教游行。游行者身穿长袍，手持十字架前进。节日游行洋溢着喜庆的气氛，热闹非凡，具有浓烈的地方特色。在美国，游行队伍中有身穿牛仔服踩高跷的滑稽小丑，也有活泼可爱的卡通人物米老鼠。在英国，游行多以介绍当地的历史和风土人情为主，游行者化装成为苏格兰风笛乐队和皇宫卫士，吸引了众多的游客。复活节的到来还使人们纷纷换上新衣。

在德国，节日里家人团聚，品尝各种传统食品，亲戚朋友见面要互相祝贺，亲友间要互赠彩蛋。象征生命的蛋、火、水、兔等成了复活节的吉祥物。在莱茵河中游和黑森东部的一些城镇，至今保留着“彩蛋树”这一古老习俗。人们把成百的蛋壳涂上彩画，串成蛋链，在复活节这天挂在松树上，制成彩蛋树，大人孩子围着彩蛋树唱歌跳舞，庆祝复活节。在德国的巴伐利亚地区，每年的复活节居民们都要举行火炬赛跑，以庆祝耶稣的再生。有趣的是，在北莱茵上威斯特法伦州的吕克台复活节滚火轮，更是闻名遐迩。六个巨型大木轮被火点燃后滚下山谷，就像六个火球从天而降，漆黑的山谷被大火轮照得通明，它与五彩缤纷的焰火交相辉映，再次显示了火给人类带来了新生。

在欧洲许多国家，复活主日的主餐均食羔羊肉。复活节的庆典活动也由简单走向丰富多彩，现在带有世俗化的色彩。

除此之外，还有准世俗化的节日狂欢节。所谓准世俗化的节日是指源起于基督教节日礼仪，但在后来的演化中，其宗教色彩消失，与世俗化的节日几乎没有区别的节日。

3. 狂欢节

狂欢节的起源有几种说法，但从狂欢节的词源分析，实际上直接与基督教会的礼仪节联系在一起。狂欢节又译作“谢肉节”(Carnival)，意思是在大斋期的禁食之前举行向肉告别仪式，于是从基督教礼仪中又衍生出来一个欧洲的民间节日。这一节日初期主要在德语国家的天主教徒中进行。狂欢节的时间一般在基督教大斋节前3天。因为教会规定“封斋”期间禁止肉食和娱乐，人们在封斋开始前举行盛大聚会，唱歌跳舞，尽情狂乐，因而又称之为“狂欢节”。现在，巴西狂欢节是世界上最大的狂欢节。

第二节 伊斯兰教礼仪

伊斯兰教是世界性宗教之一，7 世纪初兴起于阿拉伯半岛，主要传播于亚洲、非洲。20 世纪以来，在西欧、北美一些地区也有所传播和发展。全世界信奉伊斯兰教的穆斯林现有 13 亿人。在马来西亚、塞内加尔等 40 多个亚非伊斯兰国家中，穆斯林占全国总人口的大多数。在埃及、伊朗、沙特阿拉伯等 30 多个国家中，伊斯兰教被定为国教。如今，伊斯兰国家和穆斯林人民在国际政治、经济、文化生活中发挥着日益重要的作用。

一、伊斯兰教主要礼仪

伊斯兰教教义与礼仪主要由五大信仰、五项宗教功课和八项言行准则组成，现简介如下。

（一）伊斯兰教的五大信仰

《古兰经》第 2 章第 177 节说：“你们把自己的脸转向东方和西方，都不是正义。正义是信真主，信末日，信天神，信天经，信先知，并将所爱的财产施济亲戚、孤儿、贫民、旅客、乞丐和赎取奴隶，并谨守拜功，完纳天课，履行约言，忍受穷困、患难和战争。这等人，确是忠贞的；这等人，确是敬畏的。”其中提到的五信，就是伊斯兰教的五大信仰。

1．信真主

伊斯兰教认为，安拉是宇宙的惟一主宰，是世界万物的创造者：安拉全知全能、至仁至慈、无形象、无方位、无所不在、无有匹敌。每一位穆斯林，都必须信仰真主安拉。

2．信末日

伊斯兰教认为，世界终将有一天要毁灭。在世界末日到来时，每个人都将被带到真主的面前接受审判，行善者进入乐园，作恶者堕入火狱。

3．信天神

伊斯兰教认为，天神（又称“天仙”或“天使”）是真主用光创造的精灵，受真主驱使。天神数目颇多，其中著名的四大天神是：向穆罕默德传达真主“启示”的吉卜利勒，负责观察宇宙万物的米卡勒，专司人的生死事宜的阿兹拉伊勒，宣告世界末日来临的伊斯拉菲勒。

4．信天经

伊斯兰教认为《古兰经》是真主安拉的语言，是“天经”，此前，安拉曾给其他一些民族降示过经典，而《古兰经》是安拉最后降示给穆罕默德的一部最完整、最可靠的神圣经典。穆斯林应信仰天经，用《古兰经》规范自己的言行。

5．信先知

伊斯兰教认为，安拉在不同历史时期差遣过多位使者或先知，如阿丹（一译“亚当”）、努哈（一译“挪亚”）、易卜拉欣（一译“亚伯拉罕”），而穆罕默德是安拉最后派遣的一位使者或先知，是“封印使者”或“封印先知”，其言行代表安拉的意志。

除了上述五大信仰外，许多穆斯林还“信前定”和“信后世”。所谓“前定”，即人生的命运由安拉意志先天决定，而所谓“后世”与短暂的今世相比，长存有“后世”幸福的乐园，才是人们的真正归宿。

（二）伊斯兰教的五项基本功课

伊斯兰教的五项基本功课（即念功、拜功、斋功、课功和朝功，合在一起简称“五功”），是每个穆斯林必须履行的五项基本义务。

念功，系阿拉伯文的意译，原意为“作证”，音译“谢海代”。念功即念证词“除了安拉，别无神灵；穆罕默德是安拉的使者”。伊斯兰教创始人穆罕默德自公元610年开始创教活动。起初，他秘密传教，教义的基本信条是“认一论”（一神论），即世界上只有一个神——安拉，“安拉是独一的主宰”。（《古兰经》6：19）

三年后，穆斯林增至三十余人，穆罕默德正式宣称自己是“安拉的使者”，开始公开传教。从此，承认和念诵“除了安拉，别无神灵；穆罕默德是安拉的使者”，便成为伊斯兰教徒——穆斯林信仰的根本和首要的功课。

拜功（亦称“礼功”），阿拉伯文意译，音译“撒拉特”。每天五次面向麦加天房诵经（《古兰经》）、祈祷和跪拜；每周星期五午后在大礼拜寺（大清真寺）举行集体礼拜，简称“聚礼”；每年开斋节（新疆穆斯林称“肉孜节”）和宰牲节（亦称“古尔邦节”），在大礼拜寺聚会、礼拜，合称“会礼”。

穆罕默德创教初期，他仿效阿拉伯先知易卜拉欣的做法，每天早晚各礼拜一次。公元621年，穆罕默德将每天礼拜的次数增为五次，并且确定了礼拜的时间。五次礼拜在日出前、晌午、晡时、日落后和夜晚做，分别称做晨礼、晌礼、晡礼、昏礼和宵礼。礼拜旨在使穆斯林对真主安拉更加虔诚；同时，也有益于保持身心的纯洁。“拜功的确能防止丑事和罪恶……”（《古兰经》29:45）

公元622年，穆罕默德迁居麦地那，穆斯林队伍大大壮大了。怎样召唤穆斯林群众按时做礼拜呢？像犹太教那样用号角来召唤，或者像基督教那样用钟声召唤人们做礼拜，都不合适。最后，穆罕默德确定用宣礼的办法（礼拜寺设宣礼台，后来发展为宣礼塔，声音宏亮的宣礼员站在上面高声唱诵宣礼词，召唤穆斯林做礼拜）。直到现在，世界各地的穆斯林，仍然用宣礼的办法，召唤做礼拜，不过已经使用了现代化的扩音器等。

穆罕默德初到麦地那时，为了团结和争取城内的犹太教徒，亦朝向犹太教的圣地耶路撒冷做礼拜。伊斯兰历二年（公元623年），穆罕默德将礼拜朝向由面向北方的耶路撒冷，改为面向南方的麦加天房。同年，穆罕默德还制定了举行节日礼拜的制度。每逢开斋节（伊历十月初）、宰牲节（伊历十二月十日），穆斯林齐集礼拜寺聚礼，然后互相祝贺节日快乐。

斋功，阿拉伯文意译，音译“沙吾姆”。在斋月（伊历九月）里，每天自破晓到日落，禁绝一切饮食和房事等。穆罕默德起初按照先知易卜拉欣的做法持斋，即每月十三、十四、十五日封斋三天。迁居麦地那后，穆罕默德仿效犹太人，定一月十日（犹太教的赎罪日）为斋戒日（后改为自愿斋戒日）。公元623年，穆罕默德规定，每年拉马丹月（阿拉伯文“伊历九月”的音译），成年的穆斯林应持斋。“拉马丹月中，开始降示《古兰经》，指导世人，昭示明证，以便遵循正道，分辨真伪。故在此月中，我们应当斋戒……”（《古兰经》2：185）斋戒旨在考验穆斯林对真主安拉的忠诚；锻炼战士的意志；让饱汉体验饥饿和干渴的滋味，从而体会饥民的痛苦，向饥民馈赠物品。

课功，阿拉伯文的意译，音译“扎卡特”。伊斯兰教法定的“天课”（“宗教税”，又称“济贫税”），是穆斯林的一种善功。

穆罕默德在施舍方面也堪称师表。早在创教前，他就经常接济穷人。传教初期，他一方面自己带头施舍，同时劝说有钱人赈济贫弱孤寡，以维系人心，缓和贫富间的矛盾。此时的施舍，尚是一种自愿的捐助。公元623年，穆罕默德确定了缴纳天课的制度，规定了天课的标准及其分配原则。每人每年应纳财产的四十分之一（后改为收入的十分之一），用于救济穷人和国家行政。从此，纳税成为社会救济和阿拉伯统一事业的财源之一。

朝功，阿拉伯文的意译，音译“哈杰”。凡有能力者，一生中须朝觐圣地麦加一次。朝觐后荣获“哈吉”（朝觐者）称号。

朝觐，原来是阿拉伯半岛上信仰多神教、拜物教的部落的传统宗教仪式。每年禁月（一、七、十一、十二4个月；禁月里禁止打仗。）教徒们云集麦加城内的“卡阿白”（阿拉伯文“立方体”的音译），神庙敬神献祭。神庙里摆着各部落崇拜的300多尊偶像；而镶在神庙东南角石壁上的一块黑陨石，被古代阿拉伯人共同视为“神物”。

公元626年，穆罕默德参照古代阿拉伯的朝觐仪式，初步制定了伊斯兰教的朝觐制度。“凡能旅行到天房的人，都有为安拉而朝觐天房的义务。”（《古兰经》3：97）朝觐是在形式上沿袭阿拉伯宗教古习而在内容上却与之大相径庭的一项重要制度。

伊历六年十一月(公元628年初)，穆罕默德率领1 000多人前往麦加小朝(阿拉伯文的意译，亦译“副朝”、“巡礼”，音译“欧木拉”。伊历十二月八、九、十日朝觐麦加，称为“大朝”或“正朝”，其他时间皆称“小朝”)。此行虽然未能如愿，但他在麦加附近的侯德比叶村与古莱西贵族代表签订了《侯德比叶协议》。协议主要内容包括双方休战10年；穆斯林有权朝觐天房等。

翌年，穆罕默德率领2 000余名穆斯林，补行了小朝。

伊历八年(公元630年1月底)，穆罕默德率领1万余名穆斯林，浩浩荡荡挺进麦加。进占麦加后，穆罕默德带头摧毁了神庙内外的所有偶像，下令涂掉了将众天使画成美女的壁画；宣布黑陨石为“圣物”，并将神庙改为圣寺(礼拜寺)。同年，穆罕默德再次履行了小朝。

伊历十年十一月二十五日(公元632年春天)，穆罕默德带领数万名穆斯林，由麦地那出发，前往麦加朝觐。翌日清晨，穆罕默德和众穆斯林受戒，穿上了戒衣。十二月四日，到达麦加。使者抚摸、亲吻黑陨石；绕天房走七圈。然后，在绥法和麦尔沃两座小山之间(相距400多米)奔走七次。十二月八日，穆罕默德到达米纳山，做了礼拜。九日，在阿拉法特山发表了著名的演说。十日，在米纳山谷，向三根石柱各掷石七粒(相传，易卜拉欣曾在此掷石驱魔)，而后回到麦加，献祭牲畜；剃头；再次绕天房走七圈。穆罕默德此次(第一次也是最后一次)正式朝觐天房里所履行的仪式，便成为穆斯林朝圣的最高典范。

一年一度的朝觐活动，既有助于统一各地穆斯林的意志，又有利于增进穆斯林的团结和联系。此外，当时管理天房的麦加贵族的经济利益，也得到了维护。上述表明，伊斯兰教的五功，是伊斯兰教创始人穆罕默德根据政治、经济、宗教的需要，参考阿拉伯古代习俗和其他宗教，逐项确定和逐步完善起来的。

据9世纪辑成的《布哈里圣训实录》记载，穆罕默德曾说："伊斯兰教建筑于五根柱石之上：念证词、做礼拜、纳天课、朝觐、守斋月。"后来，人们便把上述五点称做伊斯兰教的五项基本功课，简称"五功"，沿用至今。

（三）伊斯兰教的八项言行准则

1. 顺从。穆斯林应当顺从真主安拉的意志，顺从先知穆罕默德的教导，顺从代表民意的领导者。

2. 仁慈。穆斯林应孝敬父母，和睦亲戚和邻居，宽于待人，助弱济贫。

3. 公正。穆斯林应为人正直，办事公道、买卖公平。

4. 坚忍。穆斯林应坚定信仰，知足常乐，反对贪婪。

5. 劝善。穆斯林不仅要以身作则，起模范带头作用，而且还应规劝自己周围的人遵纪守法，多做好事。

6. 止恶。穆斯林看见有人干坏事必须严加制止，并要引导他弃恶从善，做一个好公民。

7. 远奸。穆斯林在社交场合，不要同行为不端且屡教不改的人交朋友，更不要与这种人为伍。

8. 近贤。穆斯林要多结交廉洁奉公的好人，和他们一起推动社会进步。

二、伊斯兰教主要节日

（一）宰牲节（伊历十二月十日）

宰牲节阿拉伯语音译是“尔德·艾道哈”，又称“古尔邦节”（古尔邦意为“献牲”），是阿拉伯各国穆斯林和伊斯兰国家穆斯林的重大节日。每年宰牲节，许多穆斯林赴伊斯兰教圣地麦加朝觐，参加宰牲活动。而各地穆斯林则沐浴盛装，去清真寺参加会礼，赞颂安拉。会礼后，有经济能力的穆斯林宰杀牛、羊、骆驼，作为献祭以及待客、馈赠亲友的礼品。

（二）开斋节（伊历十月一日）

伊斯兰教规定，伊历九月（拉马丹月）为斋月，凡年满 17 岁的男子、年满 15 岁的女子，除了老、病、孕、婴和正值经期的妇女外，所有穆斯林都要守斋 1 个月。斋月期间，穆斯林要在黎明前吃好封斋饭，从拂晓至日落，禁止饮食、抽烟等。日落后方可开始饮食，饭后到清真寺做礼拜。

伊历十月一日见到新月便可开斋。开斋节一般为 3 天，人们恢复白天吃喝习惯，沐浴更换新衣，去清真寺参加会礼等庆祝活动。家家户户备有节日佳肴，款待亲朋好友。一些富裕的穆斯林向穷人施舍。

（三）圣纪与圣忌（伊历三月十二日）

圣纪是指伊斯兰教创始人穆罕默德诞辰的纪念日。据说，穆罕默德于公元 570 年 4 月 20 日（伊历三月十二日）出生。相传穆罕默德于伊斯兰历十一年三月十二日（公元 632 年 6 月 8

日)逝世，故又称该日为“圣忌”。每年这一天，世界各国穆斯林都要举行各种形式的聚会，聆听教长诵读《古兰经》，讲述穆罕默德的生平，赞颂先知的功德等。他们还要宰牛杀羊进行祭祖，以表达对穆罕默德的敬仰之心和缅怀之情。

(四)阿舒拉节(伊历一月十日)

“阿舒拉”系阿拉伯语“十”的音译。逊尼派穆斯林和什叶派穆斯林都把这一天当做节日纪念。逊尼派把伊斯兰教传说中的宗教故事，如真主于该日创造天园等、努哈(诺亚)制造的方舟于该日拯救遭洪水危险的人们等，均同这一天联系起来。逊尼派穆斯林在这一天自愿斋戒，诵经祈祷。

什叶派则把这一天作为纪念侯赛因的哀悼日。公元680年，穆罕默德的外孙、阿里次子侯赛因被伊拉克人拥立为哈里发后，自麦地那赴库法上任。10月10日行至卡尔巴拉时被伍麦叶王朝大军包围。侯赛因随行人员仅200名左右，寡不敌众，侯赛因被抓住，但他拒不承认叶齐德为哈里发，成为殉教者。这天时值伊斯兰教历六十一年一月十日，即阿舒拉日。每年这一天遂成为什叶派穆斯林纪念侯赛因的哀悼日，又称“阿舒拉节”。

每逢阿舒拉日，什叶派穆斯林都要举行隆重的祈祷仪式。他们身穿黑色丧服，朗诵哀悼侯赛因的诗歌，思念侯赛因的功德。

(五)法蒂玛节(伊历九月十四日)

法蒂玛节是穆罕默德之女、阿里之妻法蒂玛逝世纪念日。法蒂玛于公元605年生于麦加，18岁时与阿里结婚。法蒂玛聪颖贤慧、富有主见，曾随父参与攻克麦加和辞别朝觐等重大活动。在布哈里和穆斯林各自汇编的圣训集中，均收有法蒂玛传述的圣训18段。穆罕默德逝世后，法蒂玛十分悲伤，料理完父亲的后事后半年就去世了。各国穆斯林都很尊敬法蒂玛，什叶派尊称法蒂玛为“圣母”。每逢法蒂玛的忌日，各国穆斯林妇女都要举行纪念活动，听阿訇诵经、赞主、赞圣，讲述法蒂玛的品德、事迹。

除了上述节日外，比较重要的伊斯兰教节日还有登霄节（伊斯兰教历七月十七日）、盖德尔夜（伊斯兰教历九月二十七日）。

第三节　佛教礼仪

佛教是历史悠久的宗教，曾对包括中国在内的一些亚洲国家产生深远的影响。佛教现为世界三大宗教之一，目前全球约有3亿多佛教徒。佛教徒主要集中在亚洲，而遍布世界各地。

一、佛教历史概况

（一）佛教创始人释迦牟尼

释迦牟尼（约公元前565年～约公元前485年）原是古印度北部边毗罗卫国（今尼泊尔境内）的太子，本名悉达多，后被尊称为释迦牟尼（意为“释迦族的圣人”）。

释迦牟尼自幼生活优裕，长大后娶妻并生有一个儿子。父亲希望他继承王位，但他不满人世间的不平等，人生的苦难令他烦恼，而当时占统治地位的婆罗门教的主张也不能使他在精神上得到解脱。因此，29岁时，他毅然舍弃王位、财富，离开父亲、妻子，出家修行，寻找人生的真谛。

释迦牟尼出家后曾到摩揭陀国的首都王舍城修习，也曾在尼连禅河附近树林中苦思冥想，最后来到菩提伽耶一棵菩提树下，盘腿静坐。他经过 7 年修行，终于大彻大悟而“成佛”，并开始创立和传播佛教。

释迦牟尼创立的佛教，其教义的核心是“四谛”，即四个真理：苦谛（以为世俗世界的一切，本性都是“苦”）、集谛（指造成世间人生及其苦痛的原因）、灭谛（指断灭世俗诸苦得以产生的一切原因，是佛教修行所要达到的目的）、道谛（摆脱苦难的理论说教及修习方法）。佛教反对种姓制度的不平等，主张众生平等，倡导生死轮回、善恶报应，劝人在世从善等。

释迦牟尼在印度北部、中部恒河流域进行说法传教，长达 45 年。他带出了许多弟子，组成佛教僧团，奠定了原始佛教的基础。释迦牟尼 80 岁时在传教途中染病仙逝。

（二）佛教的传播

释迦牟尼仙逝后，其弟子们继续在南亚传播佛教。佛教在传播过程中，先后形成小乘佛教和大乘佛教两大教派。约公元前 2 世纪到公元 15 年间，注重修持和自我解脱的小乘佛教盛行。其后，重视利他，即利益大众、解脱大众的大乘佛教渐占上风，传至全印度。后来又逐渐传入现今的斯里兰卡和东南亚一带，向北传至中亚，于公元 1 世纪传入中国。

传入中国的佛教分北传佛教和南传佛教。北传佛教以大乘佛教为主，传入汉族生活的大部分地区和西藏、内蒙古等西北地区；南传佛教以小乘佛教为主，主要传入云南一带傣族、崩龙族、布朗族等少数民族生活的地区。

佛教传入中国后，与中国固有的儒、道传统文化互相影响、融合，成为中国文化不可分割的一部分。中国逐渐成为佛教文化的世界中心之一，并将佛教及佛教文化传入日本、朝鲜、柬埔寨等国。

释迦牟尼涅槃不久，其弟子们为保存他的说教，统一佛教信徒的认识，通过会议方式的结集，形成公认的经、律、论。经是释迦牟尼在世时的说教，后增入少数佛教徒(阿罗汉或菩萨)的说教；律是释迦牟尼为信徒制定的必须遵守的仪轨规则；论是关于佛教教理的阐述。经藏、律藏、论藏合称三藏，统称大藏经，在此基础上，后来又增加了有关经、律、论的注释和疏解等典籍，成为卷帙浩繁的四大部类。

二、佛教主要礼仪

佛教的主要礼仪有剃度、受戒、参、斋、合十、五戒、礼拜、超度等。

(一)剃度

剃度是佛教徒剃除须发、接受戒条的仪式。佛教认为剃度是度生死之因，故称之为剃度。

(二)受戒

受戒是佛教徒接受佛教戒律的仪式。戒有五戒、八戒、十戒等。受戒仪式不尽相同。

(三)参

参是佛教的一种仪式。参有朝参、晚参等仪式。朝参是指早晨进堂听住持说法。晚参是指傍晚集会听住持说法或念诵。

(四)斋

斋作为佛教礼仪有两种含义：一是过中午不食名斋；二是

素食也称为斋或“吃斋”。

(五)合十

合十是佛教徒的普通礼节。合十也称合掌，行礼时，左右合掌，十指并拢，置于胸前，表示敬意等。

(六)五戒

五戒是佛教徒应遵守的五条戒条。即：一不杀生；二不偷盗；三不邪淫；四不妄语；五不饮酒。

(七)礼拜

礼拜是佛教仪式。《大唐西域记》卷二：“致敬之式；其仪九等；发言慰问；俯首示敬；举手高揖；合掌平拱；屈膝；长跪；手膝踞地；五轮俱屈；五体投地。”

(八)超度

超度是佛教仪式。神、尼为人诵经礼忏，借此“超度亡灵”，“超悦苦难”。

此外，佛教仪式还有“绕佛”、“布萨”和“闭关”等。根据佛教的制度，僧人的生活应当清净而俭约，不涂香装饰，不自歌舞也不观听歌舞。平日昼夜除一定时间睡眠、托钵、饮食、挑水等，其余时间都应用心研究教理和修习禅宗。僧人的服装有便服和制服两种，制服有五衣、七衣和祖衣三种，总称袈裟。僧人平时穿便服，上殿诵经及参加庆典活动时穿制服。

三、佛教主要节日

(一)佛诞节(阴历四月八日)

佛诞节是佛教徒纪念释迦牟尼诞生的节日。每逢次日，佛教寺院举行隆重的诵经法会，拜佛祭祖。佛教徒用各种名香浸水灌洗释迦牟尼像，称为浴佛。所以，佛诞节又称浴佛节。

(二)成道节(阴历十二月八日)

成道节是佛教徒纪念释迦牟尼成道的节日。据说释迦牟尼成佛之前，曾苦修多年，变得骨瘦如柴，遇一牧女送他乳糜，食后身体逐渐康复，后端坐菩提树下沉思，于十二月八日“成道”。为纪念此事，我国佛教徒每逢此日，以米、赤豆和果品等煮粥(俗称“腊八粥”)供佛。

(三)涅槃节(阴历二月十五日)

涅槃节是释迦牟尼逝世纪念日。由于南传佛教、北传佛教对释迦牟尼的生卒年月的说法不同，各国纪念“涅槃日”(佛教称死为“涅槃”)的时间也不一致。届时佛教寺院举行佛涅槃法会，挂释迦牟尼涅槃图，诵《遗教经》等。

(四)盂兰盆会(阴历七月十五日)

盂兰盆会是佛教徒缅怀祖先的节日。盂兰盆是梵文的译音，意为“救倒悬”。据说，释迦牟尼的弟子目连，仿佛看见去世的母亲在地狱受苦，如处倒悬，求佛超度。释迦牟尼要他在七月十五日备百味饮食供僧，可使其母解脱。佛教徒据此神话办起盂兰盆会。过节时，除施斋供僧外，佛教寺院还举行诵经法会，举办水陆道场等。

除以上四大节日外，佛教还有观音节、灯节、守夏节和泼水节等。

思考题

1. 基督教的洗礼有几种？如何施洗？

2. 伊斯兰教创始人是谁？他给后世留下了什么？

3. 佛教徒怎样行合十礼？

附宗教礼仪故事两则

一、尊重客户习俗，赢得客户信任

北京某外贸公司一位女业务员，为了开展向中东某国的出口业务，潜心了解阿拉伯国家的民俗礼仪，在去该国推销产品时，尊重阿拉伯人的习惯，穿上素服，戴上头巾不露秀发，赢得客户信任。在客户应邀来京谈判时，她又处处注意礼仪，坚持平等互利，每逢伊斯兰教节日，便中止谈判，安排客户前往北京牛街礼拜寺进行宗教活动，这样既建立了友谊，也取得了对方的信任与尊重，不但签署了上百万元的出口合同，以后这位阿拉伯客户凡有进出口业务都愿找这位女士。

二、善解人意

30 年前，我要到台中洽谈公事，长途开车有些无聊，问琼瑶要不要同行，她欣然允诺，并邀妹妹和她的男友同行。那天倾盆大雨，视线不佳，驾驶技术不好，终于发生车祸，刹那间，天地变色。小妹脾脏破裂，紧急送医院开刀；琼瑶被车窗的玻璃碎片割得遍体鳞伤；我双脚骨折。医师为我处理伤口敷上石膏，躺在床上我十分懊恼，也十分自责，我为什么要好端端地邀请他们同行，并且闯出这样的大祸?

但见琼瑶步履艰难地走到我床前(医师刚刚处理好她的伤口，有的缝线，有的擦药)，她可能前来责怪我的粗心大意，抱怨我的肇祸，怎样向重伤的小妹交待?我真的不知道如何向她说抱歉，她却先开口："车祸是常有的事，大家平安就好，受点伤没有什么了不起，千万千万不要自责。"那么的体谅，那么的温暖，我无言以对，心中有一种声音："这辈子我们不会分离了!"

这是我们第一次面临大难，她却以如此宽广的心胸面对。她外表柔弱，内心刚强。之后，我们也遭遇过好多次更大的灾祸，也都携手克服。23年前，我们不慎误入陷阱，可能是最严重的一次。我几乎有一个星期彻夜未眠，苦思对策。琼瑶出奇地冷静，和我细细分析各种情况，终于理出头绪，拟定对策，竟然拨云见日，反败为胜。

本来，打算好好报道这个事件的经过，但琼瑶劝阻，"事情过去就好，让我们学习宽恕，懂得忘记!"

好多好多年前，我们卷入一桩被侵权的官司，官司胜诉，被告被判刑6个月，不能易科罚金，必须服刑。被告是一个书生，琼瑶不忍其误入歧途而锒铛入狱，居然请求我们的律师提出非常上诉，要求为被告减刑。居然所请获准，改判6个月，可以易科罚金，免除一场牢狱之苦。原告上诉要求给被告减刑，恐怕是司法界罕见案例。柔软的心情，宽广的胸怀，这是琼瑶。(平鑫涛)

第九章　外国礼仪

第一节　亚非国家礼仪

一、日本礼仪

（一）礼仪

1．礼仪教育与社交礼仪

在日本，小孩子从会说话起，就开始接受父母、亲属的礼仪教育。小学生入学后，要接受学校的礼仪教育。在小学生守则上，有关待人接物的规矩都写得清清楚楚。礼仪是日本中学生的必修课。日本青年走上社会后，还要接受工作单位的岗前培训和礼仪训练，从发型、衣着，坐立姿势、鞠躬角度、打电话和接电话的口气与表情，到怎样带路和开门，以及如何奉茶、如何与主管谈话等都有一定的规矩。许多单位还将厚达数百页的礼仪手册发给日本新职员，藉此规范他们的行为举止，提高他们的礼仪水平。此外，日本还有不少团体和个人积极提倡、组织开展礼仪活动。

日本人平时见面互致问候，行鞠躬礼，15 度是一般礼节，30 度为普通礼节，45 度为最尊敬礼节，只有老朋友久别重逢才一边握手，一边鞠躬。初次见面，要行90度鞠躬礼，男士双手垂下贴腿鞠躬，女士一边将左手压着右手放在小腹前鞠躬，一边说“初次见面，请多关照”，然后互相交换名片。交换名片时，年纪较轻和身份较低的人先递上名片。

日本人在社交场合注意仪表的美观，勤修边幅，保持衣着整洁。天气炎热时穿衬衣不卷袖子，在公共场合不穿背心。日本人讲究坐立姿势，讲话低声细语，措辞含蓄婉转，笑不露齿。接电话时，当对方通报姓名后，自己也会迅速自报单位姓名。通话完毕，等拨号者先挂断，自己才放话筒。

在日本，根深蒂固的等级观念与盘根错节的集团意识已浸透到社交活动中。日本人相当重视等级观念，在工作单位里，下级对上级毕恭毕敬；在社交场合，对地位比自己高的人要用敬语称呼，交谈中使用的动词也要用敬体。不论举行何种性质的集会，与会者各自谦让一番后，最终总是按最恰当的等级次序落座。此外，不少日本人有相当强的集团观念，注意集团内外有别，即使平时对集团领导人有意见，牢骚满腹，但与集团外的人接触时，总是说自己集团的好话。在作自我介绍时，也是突出介绍自己所在的集团，简单地介绍自己。由于强烈的集团意识，导致一些谨小慎微的日本人局限于内部交流的小圈子里，而较少参与集团外的横向交流。

2. 社交10条

日本人认为谦恭是一种美德，他们提倡在社交中克制自己，尊重他人，并总结出以下10条礼俗：

(1)忘掉自我。

(2)切莫自夸和自我吹嘘。

(3)要尽量避免议论别人。

(4)说话要有条理，表达清楚。

(5)避免使用直接性语言。

(6)避免攻击他人。

(7)避免道破他人的秘密。

(8)不显示自己曾施惠与他人。

(9)不忘记自己曾接受他人的恩惠。

(10)不可说大话。

3. 送礼礼仪

日本人在社交活动中非常重视送礼和还礼。日文中“馈赠”一词写作“赠答”。遇红白喜事送礼，访亲问友、做客赴宴要携带礼物。此外，还有季节性送礼习俗，每年仲夏，下级给上级、晚辈给长辈、孩子给父母送礼，以表谢意。每年岁末，上级给下级、长辈给晚辈，大人给孩子及孩子的老师送礼，以示关怀。日本人送礼的内容丰富多彩，礼品包括土特产、工艺品或其他有实用价值的东西。日本人送礼时喜欢单数。送礼品讲究装潢，往往要包上好几层，再系上一条美观的红白纸绳和缎带。送礼时要双手捧着送上。受礼也应用双手，并要微微鞠躬。日本人很注重礼尚往来，除了办丧事等特殊情况接受赠礼后不宜立即还礼外，一般都要尽快还礼，或等待适当时机给予回报，所赠礼品的价值应与赠礼价值大体相等。

为了保持关系和增进情谊，日本人在新年来临前夕纷纷给亲友师长寄贺年片。此外，许多日本人讲究礼节性书信往来，如按照时令寄早春（梅雨、暑期、寒冬）书信，根据不同情况寄祝贺信、慰问信、感谢信、通知信等。

4. 家访礼仪

在日本，到他人家中做客，要预先和主人约定时间并按时赴约。进门前要按电铃、通报姓名。进屋前，主动摘帽、摘围巾、脱鞋、脱大衣。寒暄后，即把礼品献给主人。做客时要讲礼貌，未经允许不得擅自进入人家的卧室、厨房。交谈完毕和茶余饭后，由客人主动表示谢意和提出告别。回到住所后要打电话告诉对方，并再次致谢意。

(二)禁忌

日本人举止庄重，谈吐文雅，图吉利，避凶祸，在日常生活和社会交往中有不少忌讳，归纳如下：

1. 语言忌。参加别人的婚礼时忌说“完了”、“断绝”等词。参加葬礼时，忌说“频繁”、“又”等词。与男士交谈时，忌问收入、物价等；与女士谈话时忌问年龄及婚配情况。对老人忌用“年迈”等字眼。和残疾人谈话时，忌说“残疾”之类的词语。应称盲人为“眼睛不自由的人”，称聋子为“耳朵不自由的人”，称哑巴为“嘴巴不自由的人”。众人一起评论他人时，忌谈他人的生理缺陷等。

2. 数字忌。日本人对数字的吉凶概念很敏感，忌讳“4”(与“死”发音同)、“9”(在日语中有一种发音同“苦”字谐音)。因此，在喜庆场合和剧场、影院、医院等场所，一般不使用这几个“不吉利”的数字。

3. 衣着忌。在正式场合忌衣着不整；参加别人的婚礼时，男士宜穿黑西服，系白领带；女士宜穿色彩明快的服装，但艳丽的程度忌超过新娘的服装。参加葬礼时，男士应穿黑色西装或燕尾服，系黑色领带，女士应穿黑色套装或黑色连衣裙，忌衣服颜色过于明快。

4. 筷子忌。日本人一家人或亲朋好友围坐在一张桌子上吃饭的时候，忌舔筷（用舌头舔筷子）、迷筷（拿筷子在餐桌上晃来晃去）、移筷（连续夹两种菜）、扭筷（扭转着筷子用嘴舔粘在筷子上的饭粒）、插筷（用筷子插着菜送进嘴里）、掏筷（用筷子从菜的当中扒开挑菜吃）、跨筷（把筷子跨放在碗、碟上面）、剔筷（用筷子当牙签剔牙）。

5. 邮信忌。忌邮票倒贴。向受灾人发慰问信时，忌用双层信封。折叠信纸时，忌将收信人的名字头朝下。

6. 馈赠忌。赠送礼品时，忌赠送容易破损的陶瓷、玻璃制品。最忌讳以梳子作礼品。

7. 颜色忌。忌绿色，认为绿色是不祥的颜色，因此忌用绿色作装饰色；忌紫色，认为紫色不牢靠，因此忌用紫色纸或紫色布包装食品等。

此外，在商品上，日本人忌用荷花（丧花）、狐狸（贪婪）、獾（狡诈）等图案。

二、韩国礼仪

（一）礼仪

大部分韩国人热情、好客，性格开朗，彬彬有礼。韩国人重视礼节，尊老爱幼，讲究等级（职务和头衔）和男女有别。

尊老礼仪。韩国社会具有“尊老”传统。在韩国公共场合，年轻人与年长者打交道，必须表示应有的礼节。无论是认识的还是陌生的，让座，让道，使用敬语，表示谦恭的姿势……而年长者则要表现出尊严，对看不顺眼的事可直接指斥。除了地位高低以外，一般来说，年龄关系大于其他关系。在韩国，年轻人不能在年长者面前吸烟，否则被认为是一件非常失礼的事情。万一正在吸烟时碰到年长者，也应马上把拿烟的手藏在背后，等年长者走了以后再吸烟。在韩国，谁要是“没大没小”，会被看成是粗俗无礼之辈。

着装礼仪。在韩国，大学男教师必须穿西服，打领带。即使在夏天穿短袖衬衣，也一律打领带。一位教师衣着端庄，仪表整洁，不仅是为人师表者的仪容所要求，而且也是对学生的尊重。此外，韩国公务员和公司职员等，也十分讲究着装礼仪。

饮食礼仪。韩国人吃饭，一般要等长辈先动筷，晚辈才能动筷。吃饭时，要安静地坐着吃，不可喋喋不休。进餐时，晚辈不能正面对着长辈喝酒，而是应该侧身九十度左右喝酒。韩国人非常重视环保，环保意识较强。在韩国大大小小的餐馆，包括学校的教师餐厅、学生餐厅，一律使用金属筷子。由于金属筷子夹食物容易滑动，所以厂家特意在筷子下端制成锯齿形状。韩国禁止使用一次性木筷，认为一次性消费浪费太大，不利于生态环保。因此，韩国所有餐厅的水杯都是金属杯子，而不提供一次性纸杯。

见面礼仪。在社交场合，韩国男士一般先鞠躬再握手。男士一般不主动和女士握手。在社交场合，女士很少握手，但如果女士先伸出手，男士也应该和她握手。年少者见到年长者、下级见到上级要先鞠躬，待对方伸出手后再握手。初次见面的两个韩国人，通常先仔细阅读对方的名片，再比较彼此的年龄，然后才正式开始交谈。

（二）禁忌

韩国人忌讳数字“4”，因为在韩语中，“4”和“死”的发音一样。

韩国人聚会时，除了专业女歌手外，忌讳随便邀请女性唱歌。

韩国人说话比较直率，但是在公共场合和社交活动中，他们忌谈国内政治问题、宗教问题。

三、泰国礼仪

（一）礼仪

合十礼。泰国人见面时一般不握手，而是行合十礼，并互道一声“沙越里”（泰语音译，意思为“安乐吉祥”）。合十礼源于佛教的合掌礼。行礼时双手合掌，十指并拢，置于胸前，手掌尖对鼻尖，微微低头。晚辈见长辈时双手举至眼部，平辈相见举到鼻部，长辈对晚辈还礼时至胸前。地位较低或年纪较轻者应先行礼。行礼时动作缓慢有度。当一方致意时，受礼者应还合十礼。泰国人告辞时也互致合十礼。但是，现在泰国政府官员、知识分子见面时常握手问好。

新屋落成仪式。泰国人在新屋建成后要举行庆祝仪式，以求平安。仪式主要活动是清晨僧人诵经。诵经时，要用法纱环绕新屋，法纱的一端由僧人执在手中，据说此举可以驱邪避灾。僧人诵经后，将法水和沙子撒在新房四周。此后，新屋主人向僧人布施斋饭以及日常用品，并宴请前来祝贺的亲友。

生日燃烛仪式。泰国人大都重视过生日。在过生日的前夜，往往要举办燃烛仪式。点燃两支长长的蜡烛，其中一支必须与过生日者一样高，以祈求健康长寿。

许多泰国人讲文明、讲礼貌，老人和蔼可亲，青年人彬彬有礼，妇女谦恭端庄，脸上常带着友好的微笑。泰国人讲话轻声细语，举止温文尔雅。泰国人讲究礼仪，例如，泰国平民遇见王室成员或高僧，须行下跪礼，而王室成员和高僧则不须还礼；行人从坐着的人身边经过时，要略微躬身，以表示礼貌；长者在座，晚辈应坐地或蹲跪，头的高度不可超过长者。此外，泰国人的拜师仪式也相当隆重。

（二）禁忌

头部忌。泰国人十分重视头部，认为头部是人的智慧所在，是身体的最重要部位，是神圣不可侵犯的。随便用手触摸他人的头部，被视为对他人的极大侮辱。即使对小孩表示亲昵，也不要随便抚摸头部，以免给小孩带来“厄运”。

门坎忌。到泰国朋友家中做客，进门时要小心跨过门坎，万万不可踩着人家的门坎。泰国人认为门坎下住着神灵，断不可冒犯。

红色忌。在泰国，人们用红笔将死者的姓名写在棺木上。因此，泰国人忌用红笔签名，认为红色是不吉利的。

鹤、龟忌。鹤和龟的图案在泰国是不受欢迎的。鹤被视为“色情”鸟；龟则被视为男性“性”的象征。因此，泰国人忌讳这两种动物以及印有其形象的物品。

发怒忌。泰国人讨厌在公共场所勃然大怒的人。在社交场所大发脾气的人，常常会失去友谊；在商务活动中容易发怒的人，往往会丢掉生意。

四、菲律宾礼仪

(一)礼仪

见面礼。菲律宾人很讲礼貌，同辈人相见时，互相握手问好。遇见长辈时，要亲吻长辈的手背，或者拿起长者的右手碰自己的前额，以示尊敬。女友之间久别重逢时往往拥抱和亲吻。

叫门礼。菲律宾他加禄人在访亲拜友时，进屋前要先敲门，并轻声而有礼貌地说："先生，有人！"

(二)禁忌

颜色忌。菲律宾青年人恋爱时，男友常赠送女友化妆品和鲜花等。花的颜色以白色为佳，茶色和红色属禁忌之色。

话题忌。菲律宾人聊天时常谈论教育、孩子等大众话题，而忌谈政治、宗教等敏感话题。

五、马来西亚礼仪

(一)礼仪

见面礼。马来西亚人见面时通常行鞠躬礼。男子行礼时，一边举右手抚于胸前，一边深深鞠躬，以示敬意。女子行礼时，双膝微微弯曲，然后再深深鞠躬，以示敬意。

作客礼。马来西亚人注重礼节。到别人家访问或作客时，衣冠整洁，按时赴约，否则被认为失礼。马来西亚人的内厅是祈祷和做礼拜的地方，因此，进屋时应当脱鞋。若穿鞋进内厅，则被认为有渎神灵。在马来西亚人家作客时，主人会以马来西亚糕或点心以及冰水等招待客人。客人应当吃一点，喝一点，以示领受主人的情意。客人如果谢绝主人的殷情款待，会引起主人的反感。因此客人不要太客气，以免宾主之间产生隔阂和不愉快。

（二）禁忌

触摸头部忌。马来西亚人认为头部是神圣不可侵犯的，因此忌摸别人头部。如果某人的头部被别人触摸，便认为受了极大的侮辱。

公开亲热忌。在首都吉隆坡，严禁男女在公共场合接吻。违者会被处以 2 000 林吉特（合 530 美元）罚款或一年的囚禁。

黄色、白色忌。马来人忌黄色，黄色是马来西亚王公贵族的专用色。马来人忌用白色纸包礼品，因为白色与办丧事有联系。

六、新加坡礼仪

（一）礼仪

见面礼。新加坡的华人见面时多行传统礼——相互作揖；马来人见面时多行握手礼；印度人见面时常行合十礼。

红包礼。新加坡华人过春节时，亲友之间要互赠红包，以联络感情。有些企业家在员工初四上班时，要分发一个开工红包给员工，以表示开门吉利。

敬长礼。新加坡人非常重长辈。他们的敬老准则是：对父母和其他长辈，要用亲切的称呼；当父母或其他长辈讲话时，不要插嘴；父母或其他长辈呼唤时，要随叫随到。

待邻礼。在日常生活中，大多数新加坡人都能够自觉地执行《邻里礼貌守则》：“见到邻居要互相问候；逢年过节要请邻居来访；帮助邻居照管房屋；使用公共电话或公用场所，要时时多为别人着想。”

微笑礼。新加坡人十分重视“礼貌之道重于行”的准则，他们的礼貌口号是：“真诚微笑”。人们处事待物，总是伴以真诚的微笑。当因故对别人有所干扰时，当事人总要笑着说“对不起，打扰您了”。在公共电话机旁排队打电话时，打电话者会笑着对等候者说“对不起，让您久等”。即使交通警察对违章者罚款时，也是笑容可掬。因此，一些司机幽默地说：“我最怕警察对我笑。”

新加坡重视礼貌教育，文化部印发了《礼貌手册》，对在家庭、学校、工作场所和马路如何讲礼貌提供指导。而在街头张贴的讲礼貌宣传品上，总是印有一张笑脸和一句口号：“处世待人，讲究礼貌”、“真诚微笑，处世之道”或“人人讲礼貌，生活更美好”。

待客礼。新加坡店员更重视礼貌待客。他们严格遵循的守则是“顾客临门，笑脸相迎；顾客购物，别等他开口；顾客选物，耐心介绍；顾客提问，细心聆听，认真解答”。

（二）禁忌

言辞忌。新加坡人忌说“恭喜发财”。他们将“发财”理解为“不义之财”，认为说这句话不是教唆人发不义之财，就是侮蔑别人的财路不正。

长发忌。新加坡人对留胡须、蓄长发的男士较厌恶。众多的家长和学校，严禁男青年留长发。许多公共场所的标语牌上写着“长发男子不受欢迎！”

颜色忌。新加坡人忌黄色。

七、印度尼西亚礼仪

（一）礼仪

见面礼。印度尼西亚穆斯林见面时通常行握手礼，互致问候；也有一些印度尼西亚人习惯行鞠躬礼，行礼时，上身前倾以 30 度为宜。信奉印度教的巴厘人则行合十礼。

名片礼。在印度尼西亚，知识分子、公务人员、尤其是商人，当与生人初次结识的时候，总要立刻将自己的名片呈递给对方，藉此表达友好之情和敬意。

搀扶礼。按照印度尼西亚人的礼节，年轻人见到行动不便的长者或老人，应主动前去搀扶。在某些情况下，例如走险路、上下楼梯和台阶、上下车等时候，男子也应搀扶女子。男子搀扶女子时，只能轻扶其臂，切不可挽其手，否则便为失礼。

宴会礼节。宾客赴宴不可太早或过迟，应准时到达或略晚 5 分钟。到达时要先向女主人致意，并与邻近者握手，向较远者点头示意。席次一般按男宾职位高低安排。以男女宾相间为原则。入座后姿势宜端正。每道菜上桌时，女主人先作品尝的表示，客人要注意女主人的动作。喝汤时不要发出响声。如果出席西式宴会，要注意刀、叉、勺的用法和饮酒礼节。侍者先上鸡尾酒，上鱼时上白酒，上鸡时上红酒，上点心、水果时倒香槟酒。红白酒杯及香槟酒杯均有区别，不可混用。白兰地等烈性酒一般饭后在客厅中饮咖啡时享用。宴毕，主宾应尽余兴，不要过早告辞。通常应等主宾告辞后，其他宾客方可向主人致谢，告辞。

巴塔克人的公媳对话礼节。苏门答腊岛上的巴塔克人，儿媳与公公不能直接对话。有话要说时，须通过“中间人”做媒介。如儿媳要问公公中午吃什么饭，须对在场的第三者发问：“××，请问一下公公，中午吃什么饭?”公公答：“××，请告诉她，中午吃米饭。”而充当中间人的第三者不必讲话。如果没有第三者在场，房屋、家具、石头、树木、公路等均可充当“中间人”。

米南卡保人的岳母、女婿对话礼节。米南卡保人实行的是母权制家庭制度。男子出嫁，女子娶亲。丈夫夜间到女家过夜。在夫从妻居的情况下，规定岳母和女婿不能同盆吃饭，不能同席而坐，不能直接对话，有事得通过第三者转达。

(二)禁忌

口哨忌。爪哇人夜间外出忌吹口哨，以免口哨声招来恶魔，导致不幸。

左手忌。印度尼西亚人敬烟、倒酒、端茶、递东西等均用右手，忌用左手。用左手待客被视为不礼貌。

打听隐私忌。在印度尼西亚，不要打听别人的私事，以免引起对方的反感。

动作忌。在印度尼西亚，用手对别人指指点点是不礼貌的行为，故应谨慎处世。

触摸头部忌。印度尼西亚人认为头部是神圣的部位，不容亵渎。因此，在与印度尼西亚人交往时，不要随便触摸印度尼西亚人的头部。

八、阿拉伯礼仪

(一)礼仪

见面礼。阿拉伯人见面时通常行握手礼。人们首次见面或关系一般者见面时行握手礼,但同性亲朋好友见面时行亲吻礼,关系特别要好的男子之间互相贴面,先贴左脸颊,再贴右脸颊,之后再贴一下左脸颊,以示友好。彼此熟悉或合得来的女子之间平时行握手礼,久别重逢时则互相亲吻对方的脸颊,先亲一下对方的右脸颊,再亲一下左脸颊,之后,再亲一下右脸颊。此外,部分阿拉伯国家的一些地区还有特殊的见面礼节,例如,一些科威特人见面时,除了握手外,还喜欢吻对方的额头和鼻子。因为信奉伊斯兰教的阿拉伯人做礼拜时,额头和鼻子是头部最先着地的部位。吻这两个部位,一是表示尊重对方,二是期望双方吉祥如意。而也门马里卜地区的阿拉伯人则常行碰鼻尖礼。

家庭礼仪。大多数阿拉伯人家庭讲究家庭礼仪,敬重双亲,尊老爱幼,亲人之间互相关心,互相帮助。不过,在一些男尊女卑的传统观念较严重的阿拉伯人家庭里,男主女从的现象普遍存在。

公共场所礼仪。阿拉伯人比较讲究公共道德,出门时衣冠整洁,购物自觉排队,在公共场合特别尊重妇女,在公共汽车上为老人让座等。当人们相遇时,步行者先问候骑乘者,年轻者先问候年长者,行者先问候坐者,后到者先问候先到者,个人先问候大家等。讲话时注意看着对方,声音不大不小,语言婉转;听讲者神情专注,不轻易打断对方的讲话。当有人需要帮忙时，大家都会自觉地伸出援助之手。阿拉伯人具有好客的优良传统，他们不仅逢年过节邀请亲朋好友到家里做客，盛情款待，对于素不相识的不速之客和萍水相逢的过路人，也同样以礼相待。倘若有谁待客冷淡或将远方客人拒之门外，则被认为有伤风化，会受到众人的批评。

（二）禁忌

饮食忌。伊斯兰教禁酒和禁吃猪肉，虔诚的阿拉伯穆斯林滴酒不沾，不食猪肉。

问候忌。许多阿拉伯人在交往中忌问候对方的女眷。所以，在阿拉伯国家，很少有人唐突地热情地问对方："您夫人近来好吗?"

偶像忌。恪守伊斯兰教的沙特阿拉伯人禁止崇拜一切偶像，尤其为膜拜而制的人物塑像是绝对禁止的。

左手忌。大多数阿拉伯人习惯在卫生间用左手清洁身体，故认为左手是不干净的。所以，人们吃饭、握手或传递物品等均用右手，而忌用左手递东西给别人和用左手行握手礼等。

九、以色列礼仪

（一）礼仪

见面礼。以色列人见面时通常行握手礼，亲密朋友久别重逢时行拥抱礼，女友之间相互亲吻。宾主见面相互躬身施礼，把手放在胸口、嘴上和额头，分别表示我的心、我的嘴、我的头脑，都愿意为您效劳。

待客礼。以色列人非常好客，把远道来的客人看成上帝派来的使者。他们热情迎接客人，以丰盛的饮食款待客人。当客人执意要走时，主人常送出很远。

一般说来，以色列人的性格比较急躁，对于繁琐的仪式缺乏耐心。但大多数以色列人待人坦率、诚恳，守信誉。

（二）禁忌

忌造偶像等。信奉犹太教的以色列人严格遵守“摩西十诫”，即所谓古代以色列部族首领摩西在西奈接受上帝授予的十条诫命：不可信他神、不可造偶像、不可妄称神的名称、安息日不可工作、孝敬父母、不可杀人、不可奸淫、不可偷盗、不可作伪证、不可贪恋他人之物。

饮食禁忌。犹太教禁止食用出自不干净动物身上的东西。因此，以色列人忌吃不洁的动物（马、猫、猪、狗、自死动物）以及虾、蟹、贝类等。

第二节　欧洲国家礼仪

一、俄罗斯礼仪

（一）礼仪

见面礼。俄罗斯人民注重礼貌，见面时要相互问好，道一声“早安”、“日安”或“晚安”。同事相见一般行握手礼；女子之间的好友相遇时，通常是亲切拥抱，有时也接吻；男子之间则只互相拥抱。男士对女士则以亲吻手背为宜。

俄罗斯人初相识时，一般称姓并加同志，熟悉了以后就会互用爱称（如喀秋莎是叶卡切琳娜的爱称）。对一般的同志和朋友只称其姓，对晚辈和至亲好友可直呼其名，对成年人以称其名和父名为最适宜。

公共场所礼仪。俄罗斯人外出时都衣冠楚楚，在电车上和公共汽车上主动给老人、残疾人、孕妇和儿童让座。人们在言谈中常使用“请”、“谢谢”、“对不起”等礼貌语言，普遍自觉遵守公共秩序，注意保持公共场所的卫生。

待客、做客礼。俄罗斯人比较好客，喜欢在节日或工作之暇邀友小聚。主人请客之前要打扫和布置房间，餐桌上一定要摆放鲜花。餐具要在客人到来之前摆好，食品丰盛，饮料充足……

应邀做客要准时赴约，进屋要敲门，得到允许才能入内。进屋先脱外套和帽子、手套、围巾，然后向女主人鞠躬问好，并向男主人和其他人问好。进餐时动作要文雅，嚼东西时要微闭嘴唇，不要嚼出声来。

赠礼礼仪。俄罗斯人也有在逢年过节或婚丧嫁娶等特殊日子和做客、探望病人等特殊情况时向亲友赠送礼物的习惯。他们讲究送礼要及时，不要雨后送伞。礼品要合适，应因人因事而宜，如给女主人送鲜花，给儿童送智力游戏玩具等。俄罗斯人特别注重礼品的美观及实用。收礼者要对送礼者表示谢意。

（二）禁忌

颜色忌。俄罗斯人忌讳黑色，他们认为黑色是不吉利的颜色；而红色是美丽和吉祥的象征，白色表示纯洁，绿色代表希望，粉红色是青春的象征，蓝色表示忠诚……黄色在俄国人的眼中是背叛、分手的象征，因此，送花一般不送黄色的花。

数字忌。俄罗斯人和西方人一样，也忌讳“13”这个数字，认为它是凶险和死亡的象征，而数字“7”则是个吉祥的标志，意味着幸福和成功。

动物忌。俄罗斯人忌讳兔子，他们认为兔子胆小无能，是不吉利的动物；而认为马能驱邪，会给人带来好运气。他们还喜欢猴子、熊等吉祥如意的动物。

此外，俄罗斯人还忌讳打翻装盐的瓶子，打碎镜子，打听女子的年龄，询问别人的收入等。

尤其需要提到的是，送花一般要送单数，最好是三五枝，不送一枝花。而参加葬礼的时候送双数花。

二、德国礼仪

（一）礼仪

见面礼。在德国，当熟人相见时，男性首先向女性致意，年轻男性首先向年老男性致意，年轻女性首先向年长女性和比自己年纪大得多的男性致意；下级首先向上级致意。握手时，年长女性先向年轻女性伸手，女性先向男性伸手，老师先向学生伸手。如果两对夫妇见面，先是女性互相致意，然后男性分别向对方的妻子致意，最后才是男性相互致意。在街上打招呼，男性应欠身、脱帽。

交谈礼。交谈时要看着对方的眼睛。讲话应慢条斯理，吐词清晰，不要吹牛、说大话，不要应承自己办不到的事。谈话时，不要将两手插在衣袋或裤兜里，更不能对别人指手画脚。当对方反驳自己的意见时，切勿急躁、恼怒。

待客礼。星期日下午，是德国人在家接待宾客的时间。家家户户都保持着最佳状态的整洁，以便随时准备开门迎接客人。大多数德国人不喜欢夸夸其谈，待人接物以诚恳为礼。一般说来，主人要等客人坐定之后才能坐下，并应热情待客，如给客人上饮料、敬烟、递打火机等。细心的主人上饮料前会征求客人的意见，“我可以为您倒什么饮料?”或者问，“您想喝点什么?”德国人敬烟不劝烟。客人告别时，要让客人自己开门，否则容易使人误解是下逐客令。

(二)禁忌

符号忌。德国人最禁忌的符号是卐。1921年，希特勒设置卐字旗作为纳粹党(Nazi)的标志。第二次世界大战期间，纳粹的暴行令人发指。因此，德国人对这个符号十分反感。

颜色忌。德国人禁忌以茶色、红色、深蓝色和黑色作包装色的物品。在德国一些地方，红色被视为色情的颜色。而黑色是悲哀的颜色，令人毛骨悚然。

食物忌。德国人忌食核桃。

三、法国礼仪

(一)礼仪

大多数法国人讲究文明礼貌，具有良好的社交风范。他(她)们注重外表美，衣着整洁；他们崇尚“骑士风度”，特别尊重妇女；他们谈吐文雅，在日常生活中经常使用“对不起”、“不客气”、“很乐意为您服务”、“谢谢”等礼貌用语。此处仅着重介绍一下握手礼和谈话礼等。

握手礼。在法国通行握手礼，不论什么场合都要握手。当你进入法国的办公室时，你必须与所有在场者一一握手，走时还要再重复一遍。但男女见面时，男子要待女子先伸出手后才能与之相握。男子与女子握手时应脱去手套，女子则不必。如女子无握手之意而不主动伸出手，男子就应点头鞠躬致意。当然，若是女主人，一般都会热情伸出手来表示对客人的欢迎。

尊重妇女。在公共场合，大多数法国男子都注意有礼貌地对待每一位相识的或不相识的妇女。女子走进房间时，男士要起立；拜访时，先向女主人致意，告别时，先向女主人道谢；男女共餐时，点菜、上菜、敬酒均应“女士优先”；男女同行时，男士要为女士开车门、房门；上楼时，女士走在男士前面，下楼梯时，则男士先行；乘电梯和汽车时，男士均应后进先出；坐火车时，男士会把靠窗的座位让给女士。

谈话礼。有教养的法国人十分注重谈话的礼貌，与人交谈时，态度热情大方，语气自然、和蔼，言辞文雅，婉转，声音高低适度。交谈时尽可能选谈诸如文化、教育、体育等大家都感兴趣，又都有所了解的公共话题，并注意自我克制，不把自己的观点强加于人，尽量避免冒犯他人。在听别人讲话时，神情要专注，眼睛应注视对方，不轻易打断别人的话。

（二）禁忌

颜色忌。法国人忌讳灰绿色，因为在第二次世界大战期间，希特勒法西斯军队穿着灰绿色军服。法国人亦讨厌紫色，因为它是西方公认的属于同性恋者的颜色。一般法国人喜欢天蓝色或淡蓝色。

菊花忌。在法国，人们通常把黄色的菊花放在墓前吊唁死者。因此，法国人忌讳菊花。

数字13忌。信奉天主教的法国人不喜欢13这个数字，认为13号加上星期五是非常不吉利的数字。因此，他们往往以14(A)或12(B)代替13。

打听隐私忌。在法国，与人交谈时，绝对不要过问别人的隐私，不要询问对方的年龄、家庭生活、婚姻状况、有无子女等，更不要打听对方的工资、财产、家庭用具的价值以及人体的各种功能等，以免令人讨厌。

四、英国礼仪

（一）礼仪

称呼。英国人一般对初识的人，根据不同情况采取不同的称呼方式，对地位较高或年龄较长的男女，称为 Sir（先生）或 Madam（夫人），而不带姓。这是正式并带有敬意的称呼。一般情况下则使用 Mr.（先生）、Mrs.（夫人）或 Miss（小姐），并加带对方的姓。结识一段时间后，双方关系逐渐密切，就会自然改为用个人的名字相称。一些英国青年相识后便直呼其名。而亲人挚友之间，互相称呼时还使用昵称，但不及美国人那样普遍。

见面礼。英国人初次相识时，一般都要握握手。而平时相见，很少握手，彼此寒暄几句，除了对不常见面的朋友问“身体可好”之外，通常只道声“早安”。或“下午好”，再则就对变化无常的天气略加评论。有时只是举一下帽子表示致意而已。不过，朋友久别重逢时要握手。此外，人们在长途旅行之前握手话别。

介绍礼。英国人为他人做介绍的先后顺序是：先向年长者介绍年轻者；先向女士介绍男士（只有王子例外）；先向身分高者介绍身分低者；先向先到者介绍后到者；先向已婚妇女介绍未婚女子。

谈话礼。英国人在日常交谈中，注意使用“请”、“谢谢”、“对不起”等礼貌用语。他们有很强的民族自豪感，但谈及自己却很谦虚。他们一般不和别人进行无谓的争论。在倾听别人意见时，保留自己的看法，不打断对方讲话，不用手指点对方。他们喜欢讲风趣幽默的妙语，而很少说引起对方不愉快的话。他们讲究风度，很少有人在谈话时大发脾气，令人扫兴。

“女士优先”（Ladies first）。英国男子崇尚绅士风度，在社交场合遵循“女士优先”的原则。发表演说时，开场白总要先说“女士们”，再说“先生们”；在宴会上或餐馆里，先给女客人上菜，再给男客人上菜；在轮船遇到危难时，一定让妇女和儿童先上救生艇；男女同行，让女士走在前面，男士走在后面；若并肩而行，男左女右；进入剧场或电影院，也应让妇士先行。到衣帽间存放衣物，男人要先帮女士脱下大衣存放好，然后再存放自己的大衣。

作客礼仪。在英国，不速之客是不受欢迎的。无正当原因，切勿随便闯入别人的“个人天地”。若有事拜访人家，要事先约好。应邀赴茶会或做客，一要注意衣着整洁（大多数英国男子讲究修边幅，不留胡须）；二要尽量准时到达，不宜迟到或早到。英国人讲究准时，诚如作家冯骥才所说：“钟表对于他们，好像一个特殊的计算器，计算一个人的信义、教养和品德的水准”。进门前应先敲门或按电铃，经主人允许方可进入。男士进门须脱帽，以示敬礼。如果男女主人在一起，应先与女主人打招呼。若是礼节性拜会，客人一般不宜停留过久，以20分钟左右为宜。

敬茶礼。英国人喜欢通过请友人喝下午茶，增进了解和友谊。英国人喝茶大多是红茶加牛奶和糖。糖和牛奶放在单独的器皿中，客人根据自己的口味取用后，用自己的小茶匙调和。客人取用饼干、三明治或小面包时，可放在自己的小吃盘里。有时茶会上还备有咖啡，供客人选用。

敬酒礼。英国人酷爱饮酒，不少男士有在小酒馆消磨空闲时光的习惯。有些英国人也乐意邀请朋友下酒馆小酌。英国人请人喝酒，往往请客人挑选酒，并劝客人尽兴喝，但不灌酒。宾主不时互相举杯，说一声健康。英国人请朋友喝酒，主要是为了欢聚一下，促膝畅谈。

公共场所礼仪。绝大多数英国人都能够自觉遵守公共秩序，等车排队，购物也排队，井然有序。他们看电影，看演出，听音乐会，注意保持安静，很少有人走动、说话或大声咳嗽。为演员的精彩表演鼓掌也有讲究，看戏是在每一幕结束时鼓掌。看芭蕾舞则可以在演出中间、一段独舞或双人舞表演之后鼓掌。听音乐会则在一曲终了之后鼓掌。

（二）禁忌

忌问私事。英国人忌讳询问别人的私事。忌讳打听女子的年龄与婚姻状况等。在日常交往中，不过问人家从哪里来，到哪里去？不过问别人的收入、存款、物价、房租等，也不要问别人属于哪个党派，选举中投谁的票等，以免落个没趣和让人讨厌。

忌讳“13”。绝大多数英国人忌讳数字“13”，认为这个数字不吉利。因此，英国人请客时总是避免宾主共 13 人（通常是 12 人），重要的活动也不安排在 13 日。英国的饭店一律没有 13 号房间。

忌讳黑猫、孔雀。虽然不少英国人喜欢养狗喂猫，但有些英国人却认为，黑猫是不祥之物。如果有人看见黑猫在他的面前穿过，便预示他将遭到不幸。英国人视孔雀为淫鸟，认为孔雀开屏是自我炫耀。

忌碰响水杯。有些英国人认为，在吃饭时如果刀叉碰响了水杯，而任它发响不去中止，便会带来不幸。所以，英国人吃饭时，尽量避免刀叉器皿碰撞出声。万一碰到杯子发出响声时。要赶快用手捏一下，使它停止作响。

此外，还有一些英国人认为，家中镜子破碎和百叶窗突然不关自合，预兆家中将有丧事发生。

五、意大利礼仪

(一)礼仪

见面礼。意大利人热情、爽朗，普通同事见面时行握手礼；熟人、友人之间见面时常行拥抱礼。通常男子之间相互抱肩拥抱，关系亲近的女子之间互亲对方的脸，男女之间互贴面颊。

谈话礼。意大利人开朗，健谈，讲究礼仪。两人交谈时习惯保持40厘米左右的礼节性距离。因为双方间距太远，容易冲淡谈话气氛，倘若离得过近，又难免使人拘谨。

(二)禁忌

手帕忌。在意大利，友人之间赠送礼物时，忌送手帕。因为他们认为手帕是分手时擦泪之物。

菊花忌。意大利人普遍忌讳菊花，视菊花为墓地之花。所以，意大利人平时忌讳以菊花相赠，甚至连带菊花图案的礼品也属禁忌之列，因为菊花是送给死人的，以表哀思。

第三节 美洲、大洋洲国家礼仪

一、美国礼仪

(一)礼仪

见面礼。美国人在日常交往上较随便；朋友之间见面时通常打个招呼。美国人一般只与那些不常见面的朋友握手，而不与经常见面的熟人握手。但在正式场合，人们讲究礼节，见面时行握手礼，男女之间由女方先伸手；长幼之间，年长的先伸手；上下级之间，上级先伸手；宾主之间，则由主人先伸手。人多时不可交叉握手。

女士优先。美国人在社交场合，遵循女士优先的原则，例如上楼梯，应让女子走在前边；下车、下楼时，男士应走在前边，以便照顾女子；进餐时，要请女士先点菜，等等。

讲礼貌语言。美国人热情洋溢，经常在各种场合讲礼貌用语。见面时互相致意，亲切问候，说话常带“请”等客气字眼，无论是谁，得到别人的帮助时都会道谢。

做客礼仪。美国人办事讲究效率，计划性强；因此，若想拜访人家，必须事先约好。不做不速之客。赴约要准时，既不要早到，让人家措手不及，也不要迟到，让人家久等。做客时更要彬彬有礼，落落大方。访问时间不宜太长。若到亲友家中做客，一定要准备小礼物(如香水、酒等)送给主人。

一般说来，许多美国人在非正式社交场合比较随便，不拘礼仪，但大多数美国人是讲礼貌的。例如，美国人如果要拒绝别人的要求，往往首先要说非常抱歉，然后尽量用婉转的言辞坦陈自己的意见。为了提高礼仪水平，美国首都华盛顿市及其他城市，还专门开办了女子礼仪学校，指导夫人、小姐学习社交礼仪和化妆技术等。

（二）禁忌

忌打听或谈论别人的隐私。美国人注重个人隐私权。美国俗语“Go fly your kite”（去放你自己的风筝），形象而婉转地点明了这一点。因此，在社交场合，忌问女子的年龄、婚配、履历等，忌问男子的收入、财产、信仰、党派等。也不要随便问别人来自何方，去向哪里。

忌同性跳舞。同性双双起舞，往往被认为是同性恋者的行为。

忌在宴会上喝醉。在宴会上喝酒要适量，切勿贪杯，喝得大醉。

忌在别人面前吐舌头。美国人认为，成年人在别人面前吐舌头，是一种既不雅观又不礼貌的行为。

忌讳“13”、“星期五”。美国人忌讳“不吉利”的“13”、“星期五”等。

忌随地吐痰和乱扔果皮纸屑。美国人普遍认为，在公共场合随地吐痰和乱扔果皮纸屑，是缺乏教养的行为。

二、加拿大礼仪

（一）礼仪

见面礼。加拿大人随和、友善，讲礼貌而不拘繁礼。相识的人见面时互致问候，老朋友久别重逢时则拥抱和握手。

公共场所礼仪。加拿大人在公共场所讲究文明礼让，出门时衣着整洁，注意公共卫生，没有人随地吐痰。他们自觉遵守交通规则，依序排队上车，在公共汽车上主动让座给残疾人。

待客礼。加拿大人很好客，过节（感恩节、圣诞节）时喜欢在家里宴请客人。主人事先将各种食品摆在桌上。主人和宾客随吃随取，边吃边谈。

这里顺便指出，加拿大人一般不做不速之客。欲访问别人先预约，然后准时赴约。

（二）禁忌

数字忌。信奉基督教的加拿大人忌讳“13”这个数字，认为它不吉利。因此，门牌号码、聚会日、宴会的桌号均不用“13”这个数字。

话题忌。加拿大人在社交场合温文尔雅，谈锋甚健。大家都忌讳谈及死亡、灾难、性等方面的话题，以免破坏轻松的气氛。

此外，一些加拿大人认为，吃饭时把盐撒了不吉利，玻璃被打碎了也是不祥之兆。所以，应尽量避免发生此类事件。

三、澳大利亚礼仪

（一）礼仪

见面礼。澳大利亚人见面时一般行握手礼。好朋友相见，男士亲切地互相拍拍对方的后背，要好的女性朋友相逢时常常亲吻对方的脸颊。

称呼礼。大多数澳大利亚人性格外向、热情、坦率，容易接触和相处。初次见面称呼别人时先道姓，加上"先生"、"小姐"或"太太"等。熟识后若以小名相称，则表明双方的关系很融洽。

交谈礼。澳大利亚人真诚、踏实，不喜欢自夸与吹牛的人。交谈时语气平和，声音高低适度，不喜欢转弯抹角、拖泥带水。异性之间交谈时，男士若对女士挤眉弄眼，是不礼貌的行为。

(二)禁忌

数字忌。信奉基督教的澳大利亚人忌讳数字"13"，认为"13"是个不吉利的数字。

比较忌。自尊心很强的澳大利亚人，不喜欢别人把他们与英国人或美国人相比，或者评论他们之间的异同。澳大利亚人常为自己独特的民族风格而自豪。

话题忌。澳大利亚人很随和，但对宗教却非常认真。因此，平时交谈应尽量避免谈工会、宗教与个人问题等话题，也不要谈论澳大利亚土著人社会与现代人社会的关系，以及关于袋鼠数量的控制等敏感的话题。

思考题

1．日本人和阿拉伯人的问候礼有何区别？

2．新加坡人和俄罗斯人怎样看待微笑礼？

3．法国人和英国人的饮食各有什么特点？

附外国习俗故事两则

一、访法纪事

20世纪80年代，我曾和林斤澜、柳溪两位老作家访法。有一个风雨天，我们的汽车驶在乡间道路上。在我们前边有一辆汽车，他们的车轮扬起的尘土，一阵阵落在我们的车前窗上。而且，那条曲折的小道没法超车。终于到了一个可以超车的拐弯处，前边的车停住了。开车的司机下了车，向我们的车走来，用法语跟我们的司机说了半天。后来，我们的车开到前边去了。

我问翻译："你们说了些什么？"

他说，对方坚持让他将车开到前边去。

他说，对方认为，自己的车始终开在前边，对我们太不公平。

隔日，我们的车在路上撞着了一只农家犬。是的，只不过是"碰"了那犬一下。它叫着跑开时，一条后腿稍微有那么一点儿瘸，稍微而已。法国司机却将车停下了，去找养那只犬的人家。十几分钟后回来，说没找到。半小时后我们决定在一个小镇的快餐店吃午饭，那位法国青年说他还是得开车回去找一下，说要不，他的心里很别扭。

后来他终于找到了养那条犬的一户农家，而那条犬已经若无其事了。于是他郑重道歉，主动留下了名片、车号、驾照号码……

回来时，他心里不“别扭”了。接下来的一路，又有说有笑了。

我想，文明一定不是要刻意做给别人看的一件事情。它应该首先成为使自己愉快并且自然而然的一件事情。(梁晓声)

二、改变形象　布什反败为胜

在1988年的美国总统选举中，布什的对手杜卡基斯猛烈抨击布什是里根的影子，没有独立的政见。而布什在选民中的形象也的确不佳，在民意测验中一度落后于杜卡基斯10多个百分点。不料两个月以后，布什以光彩照人的形象扭转了劣势，反而领先10多个百分点，创造了奇迹。其原因是布什在专家的指导下，克服和纠正了演讲的弱势，纠正了尖细的嗓音、生硬的手势和不够灵活的摆动手臂的动作，显示出独特的魅力。为了吸引选民，经过化妆师设计，布什经常穿着浅色的西服，配以卡其布蓝色条子厚衬衫，以显示“平民化”，终于获得了最后的胜利。

主要参考书目

1. 李荣建，宋和平编著：《外国习俗与礼仪》，武汉大学出版社 1996 年版。

2. 李荣建，宋和平编著：《谈判艺术评品》，华中理工大学出版社 1997 年版。

3. 李荣建，宋和平编著：《社交礼仪》，武汉大学出版社 2005 年版。

后　记

本书是集体合作的结晶，武汉大学李帅男老师撰写第一章，宋和平老师撰写第二章、第五章，李荣建、宋和平合撰第三章、第六章、第九章，李雯、李荣建合撰第四章，我国知名饮食文化专家方爱平撰写第七章，中南神学院肖安平副院长和李荣建合撰第八章。

本书能够面世得益于武汉大学出版社的鼎力支持，谨此深表敬意和谢意。

李荣建

2007 年 9 月于武昌珞珈山麓